프랑스 혁명

차례
Contents

03 혁명의 불꽃 05 혁명 전의 위기상황 10 혁명의 원인 20 혁명에 혁명이 거듭된 혁명 38 혁명 추진의 주역들 69 혁명의 희생자들 76 혁명으로 부활한 위인들 89 프랑스 혁명의 성과와 현대사적 의미

혁명의 불꽃

혁명(révolution)은 원래 정치적 용어가 아니었다. 혁명은 코페르니쿠스의 "천체회전설"에서 '회전, 순환, 주기, 공전'을 의미하는 천문학상의 용어였다. 한나 아렌트의 말처럼 혁명이란 말을 정치적 용어로 사용한 것은 17세기에 일어난 영국의 명예혁명부터였다. 정치적 용어가 되면서 혁명은 '인간이 저항할 수 없는 순환운동과 복고의 개념'으로 사용되었다.

프랑스 혁명은 1789년 7월 14일에 일어났다. 이날 바스티유 감옥 수비대가 민중을 향해 무자비하게 사격해 100명 가까이 쓰러졌고, 이에 격분한 민중들은 폭도로 돌변해 6명의 수비병을 무참히 죽이고 바스티유를 함락했다. 그들은 수비대장 로네를 길거리로 끌어내 죽이고, 피가 흐르는 그의 머리를 창끝에 내걸었다. 전날의 사냥으로 지친 루이 16세는 아침잠에서 채 깨기도 전에 리앙쿠르 공으로부터 바스티유의 함락 소식을 전해 들었다. 그 보고에 루이 16세는 "이것은 반란이다"라고 했으나 리앙쿠르 공은 "아닙니다, 폐하. 혁명입니다"라고 했는데, 이것이 바로 프랑스 혁명의 역사적 사실이 되었다.

왕권의 상징이자 원한이 서린 바스티유에는 다섯 명의 잡범과 두 명의 정신이상자를 포함해 모두 일곱 명의 죄수밖에 없었다. 그런데도 바스티유의 '함락 소식에 고무된 민중들은 전국 방방곡곡에서 부르봉 왕정에 반기를 들고 일어났다. 하지만 1월에 브르타뉴에서 벌어진 대학생 중심의 부르주아와 귀족 간의 충돌, 3월에 벌어진 브장송의 민중봉기, 4월 27일에 레베이용 공장에서 일어난 폭동 등 7월 14일 이전에 이미 '돌이킬 수 없는' 혁명의 불꽃들이 피어나고 있었다. 국민의회(Assemblée nationale)의 평민 출신 의원들이 6월 20일에 맺은 테니스코트 서약(jeu de paume)은 왕명에 대한 항거이자 앙시앵 레짐ancien régime을 파괴하는 것이었다. 혁명의 불꽃은 바로 여기에서 터진 것이다.

프랑스 혁명은 파괴와 건설, 공포와 평화, 학살과 부활, 탄압과 자유, 독재와 공화, 좌파와 우파 등 서로 상반되고 얼룩진 상황을 만들어냈다. 아직 제대로 알려지지 않은 사실이나 엇갈린 해석도 많다. 그러나 프랑스 혁명은 사람들에게 새로운 세상을 만들 수 있다는 희망과 용기를 주었고, 근대 시민국가·자유주의·민주주의를 탄생시키는 모델이 되었다.

혁명 전의 위기상황

궁중의 빚더미와 명사회의 배신

 루이 14세가 증손자인 루이 15세에게 남긴 부채는 원금만 해도 20억 리브르였다. 그리고 국채 지불에만 해마다 8000만 리브르가 소요되었다. 루이 15세가 손자 루이 16세에게 물려준 가장 큰 두통거리 역시 빚과 베르사유 궁전의 사치생활이었다. 1774년에 루이 16세가 넘겨받은 빚은 약 15억 리브르였는데, 1781년 파리회의에서 미국독립이 인정될 때는 34억이었고, 혁명이 일어날 무렵에는 무려 45억 리브르로 늘어나 그 액수는 15년 만에 세 배가 되었다.

 1788년 3월의 재정보고서(compte rendu)를 보면 수입이 5억

300만 리브르였고 지출이 6억 2900만 리브르였으니 적자는 1억 2600만 리브르로 약 28%나 지출이 초과되었다. 이 중 왕실의 경비로 3500만 리브르가 할당되었는데, 이는 총 지출의 6%밖에 되지 않았다. 내용을 보면 일반회계지출이 19%, 육·해군과 외교관계 지출이 26%였다. 사실 왕실재정을 파괴하는 주범은 국채였다. 국채의 상환이나 이자가 지출총계의 50%에 육박하는 3억 1008만 리브르를 차지했다.

국채는 미국독립전쟁 지원금 20억 리브르와 더불어 하인들의 제복, 사냥, 연회 등 왕실의 사치를 드러내는 과다한 지출로 늘어났다. 게다가 귀족들의 사치, 도박, 집사들의 도적질도 국채증가의 요인이 되었다. 대표적으로 비롱 원수는 이미 21세에 200만 에퀴, 왕의 사촌 동생인 오를레앙 공작은 7400만 리브르, 로앙게메네 왕자는 3000만 리브르, 그리고 동생인 프로방스 백작과 아르투아 백작도 수천만 리브르의 빚을 졌고, 생제르맹 데 프레 수도원장 클레르몽 백작은 파산하기까지 했다. 마음이 약한 루이 16세는 도박과 사치로 재산을 탕진한 왕자와 형제들의 빚을 갚아주느라 더욱 허덕이게 되었다.

파산을 인정하지 말고, 세금을 올리지 않으며, 빚을 더 지지 말자는 재무총감 튀르고의 교훈과 중상주의 정책으로 재정적자를 해결하려던 재무총감 네케르의 노력도 속수무책이었다. 바로 이때 왕비의 추천으로 재무총감에 임명된 칼론은 귀족들을 포함한 '평등과세'로 재정문제를 해결하고자 했다. 하지만 그는 1787년에 명사회(144명)를 소집해서 이에 대한 협조를 얻으려다 실패했다. 명사회는 재정문제는 중대사안이므로 자신들보다는 전국삼신분대표의회에서 결정해야 한다는 명분을 세워 이를 거부했다. 그러나 명사들은 속으로 이제까지 면세특권을 누리다가 평민과 똑같이 세금을 내면 자신들의 위신이 떨어진다는 오만한 생각을 했다. 그들은 국왕과 국민을 배신하고, 1614년 이후 한번도 소집된 적 없는 전국삼신분대표의회에 이 문제를 미룬 채 이 상황을 해결하려고 하지 않았다.

브리엔과 네케르의 파면이 몰고 온 파문

칼론이 해임되고 재무총감이 된 브리엔은 명사회와 고등법원의 허락을 받고 우선 6700만 리브르를 차입해 이자와 빚의 일부를 해결하려고 했다. 그러나 개신교도들에 대한 공민권 부여, 인지세 신설, 귀족과 성직자에 대한 과세를 내용으로 한 그의 개혁안에 고등법원과 명사회가 반대했다.

브리엔의 개혁안이 무산되자 루이 16세는 1792년에 전국삼신분대표의회를 소집하겠다고 공포하고 4억 2000만 리브르 차용을 승인할 것을 요청했다. 이에 대해 사촌 동생 오를레앙 공이 불법이라고 항의하자, 왕은 그를 추방하고 추종자들을 모두 투옥시켰다. 고등법원이 불법이라고 선언하면서 들고 일어났고 성직자와 대검귀족이 이에 합세했다. 위협을 느낀 왕은 정치권 행사에 제동을 거는 고등법원을 해산함으로써 파문을 일으켰다. 고등법원이 해산되자 정국은 더욱 술렁이기 시작했고 이제 부르주아까지 가세했다.

위기를 느낀 브리엔은 왕의 재가도 받지 않고 전국삼신분대표의회를 다음해 5월 1일에 소집한다고 공포했다. 또한 파산을 막아야 한다는 일념으로 국가의 부채와 이자에 대한 지불정지 명령을 발표했다. 화가 난 왕은 재정문제도 해결하지 못하고 명령도 듣지 않는 브리엔을 8월 25일에 파면했고 재정문제 해결은 더욱 묘연해질 수밖에 없었다.

왕은 다시 네케르를 불러들이기로 작정했다. 왕의 간청을 받은 네케르는 고등법원의 기능 회복과 전국삼신분대표자 선거를 예정대로 실시할 것을 조건으로 재무총감직을 수락했다. 네케르가 재무총감직을 수락했다는 소식을 듣고 사람들은 만세를 불렀다. 선거를 실시하는 동안 교구회가 소집되었고 진정서(cahier des doléances)도 작성되었다.

사실 브리엔의 파면으로 루이 16세는 큰 타격을 받았는데, 7월부터 검열이 완화된 틈을 타고 그에 대한 비판적 기사들이 봇물 터지듯 쏟아졌다. 불안해진 루이 16세는 "전국 방방곡곡에서 이름 없는 백성이 모두 자기 소원과 요구를 짐에게 상신할 것을 윤허하노라" 하고 명령을 내렸다. 진정서는 모두 6만 개나 되었는데 그 중 600개가 왕에게 전달되었다. 그 가운데 1789년 초 시에예스 신부가 작성한 진정서 「제3신분이란 무엇인가」는 당시 사회적 담론의 주제가 되었다. 그 내용은 "제3신분이란 무엇인가? 모든 것이다. 그러면 지금까지 정치질서에서 제3신분은 무엇이었는가? 아무것도 아니었다. 그렇다면 지금 무엇이 되고자 하느냐? 중요한 것이 되고자 한다"는 것이다.

　물가 폭등과 소요, 약탈이 계속 일어났으며, 특히 4월 28일에 파리 교외지구에서 일어난 소요사태로 300명 가까이 죽는 혼란스러운 상황이 벌어졌다. 게다가 5월 5일에 1139명의 의원들이 모여 175년 만에 개회된 의회는 재정문제 처리보다 회의진행과 표결방법에 대한 문제로 루이 16세와 충돌했다. 의회가 "테니스코트 서약"을 선언하고, 국민의회로 호칭했다가 이어 제헌국민의회(Assemblée nationale constituante)로 명칭 변경을 가결하자 왕은 화가 치밀었다. 왕은 재정문제 해결과 정국혼란의 책임을 물어 7월 11일, 네케르를 파면했다. 이 소식에 충격을 받고 팔래 루아얄 광장에 모인 군중들에게 카미유 데뮬랭 Camille Desmoulins은 권총을 빼들고 무기를 들라고 외쳤다. 이에 군중들이 병기고와 공공건물에서 무기를 들고 나와 7월 14일 바스티유 감옥을 함락함으로써 프랑스 혁명이 일어났다는 것을 공식적으로 알렸다.

혁명의 원인

경제적 원인과 그에 대한 반론

혁명 당시 프랑스의 인구는 2600만 정도였으며, 그 중 제3신분이 96% 이상이었다. 1715년의 1500만에 비교한다면, 인구는 약 70년 사이에 68% 증가했고 이는 해마다 10%씩 증가한 셈이다. 이처럼 인구증가가 가능했던 것은 신대륙 발견 이래 새로 재배하기 시작한 옥수수, 감자, 토마토와 같은 농작물들이 나왔을 뿐만 아니라 새로운 경작방법이 널리 보급되어 생산량이 증가해 사망률이 크게 감소했기 때문이다.

그러나 사실 농업생산량은 인구증가를 따라가지 못했다. 특히 1785년의 가뭄, 1787년의 대홍수에 이어 1788년의 극심한 가뭄과 우박, 벼락, 그리고 1788년부터 1789년까지 나타난 혹독한 추위로 농민들은 극심한 흉작과 생활고에 시달려야 했다. 미슐레의 말처럼 농민들은 비참한 생활 때문에 그들의 자손대에 이르러서도 병약하고 수척하여 생을 영위하기가 무척이나 어려웠다. 또한 굿윈의 말처럼 혁명 전야에 대다수 농민의 경제 상황은 최악의 상태에 있었다. 사실 게르쇼도 지적하고 있지만, 정부의 구제 식량도 없었고, 공적 구제 대책도 마련되어 있지 않았다. 게다가 몇몇 도시에서는 빵, 노동, 임금 문제로 폭동까지 일어났다.[1)]

1789년에 파리 노동자는 하루 30-40수sous의 임금을 받았는데, 그 정도의 임금으로 생활하려면 빵 1파운드에 2수가 넘어서는 안 되었다. 그러나 7월 초에 빵 값은 두 배로 상승했고 지방은 그보다 더 비싸서 8수가 넘었다. 1726년에서 1741년 사이의 지수를 100으로 기준삼아 스물네 가지의 식료품 및 상품의 가격변화를 계산해보면, 1771년부터 1789년까지 생활필수품 가격은 45%나 올랐고 특히 1785년부터 1789년 사이에는 65%까지 상승했다.[2)] 그리고 1789년 6월과 7월 사이에는 150-160%까지 상승한 품목도 있었다. 따라서 프랑스는 1787년과 1788년에 전례 없는 재정 위기와 정치 위기에 직면했을 뿐만 아니라 최악의 경제 위기에 처해 있었다. 더욱이 프랑스는 우수한 영국 공장의 기술설비로 심한 타격을 받아 공업 공황 상태로 돌입해 있었다.

게다가 7월과 8월에는 두려움과 불안감에 휩싸인 여러 지역의 농민들이 수도원과 주교의 거주지를 파괴했다. "비적들이 오고 있다"는 소문이 여기저기에서 들렸다. 농민들은 살아남기 위한 방법으로 함께 모여 무장을 하고 영주의 저택을 습격하거나 장원문서를 불태워버렸다. 농민들은 이 기회에 자기들을 핍박하고 가렴주구하던 영주들을 없애고, 자신들에게 불리한 기록문서를 모두 없애버리려 했다. 농민폭동을 보고 놀란 것은 주로 귀족들이었다. 라파예트Marie-Paul-Joseph Lafayette의 처남인 노아이유 백작처럼 비교적 자유주의 사상을 지닌 귀족들은 농민들이 무기만은 들지 않도록 유도하는 데 앞장섰다.

크레인 브린톤은 "프랑스 공화주의 사가들은 1788년의 흉작이나 1788년과 1789년에 추운 겨울을 보낸 가난한 사람들의 고통을 두고두고 주장해 왔다. 그러나 이제껏 혁명은 경제가 뒤떨어진 사회에서 일어나지 않았다. 오히려 그것은 경제가 발달한 사회에서 일어났다. 특권 없는 사람들의 경제적 곤경은 비록 혁명적 정세에 따르기 쉬운 것이지만 우리가 의거할 수 있는 징후는 아니다"[3]라고 주장하고 있다. 그리고 피에르 각속트는 "빈곤은 폭동의 원인은 될 수는 있으나, 혁명의 원인은 될 수 없다"[4]라고 했다. 혁명 당시 프랑스의 대외무역은 앙시앵 레짐의 경제사에서 찾아볼 수 없을 만큼 활발했다. 농촌 실정이 좋지는 않았지만 지역에 따라 사정이 달랐다. 따라서 프랑스 혁명이 일어난 까닭은 동시에 결부되어 나타난 정치 위기와 경제 위기 및 왕의 무능함, 그리고 앙시앵 레짐을 더 이상 유지해서는 안 된다는 의식의 자각에서 찾아야 할 것이다. 또한 명사회의 태도에서 드러나듯 귀족들은 국가의 위기상황에 비협조적이면서 왕을 도우려 하지 않았는데, 이러한 면들을 고려할 때 프랑스 혁명의 원인은 사회적·심리적 측면에서 보다 자세히 살펴져야 할 것이다.

사회적·심리적 원인

사회적·심리적 상황으로 먼저 자유의식의 성장을 들 수 있다. 서적, 아카데미, 살롱, 학회, 협회를 통해 계몽사상가와 지식인들이 사회, 정치, 종교 등에 대한 새로운 사상을 제시했다. 그들은 18세기에 수없이 증가한 살롱, 카페, 그리고 각종 학회나 협회 등에서 활발하게 교제하고 토론하면서 스스로 개혁의식을 배양했다. 또한 그들은 앙시앵 레짐의 병폐를 고발하고 이성, 정의, 자연권에 근거한 근대사회의 이상을 여론에 전파했다. 더욱이 성직자 및 귀족, 나아가 루이 16세의 형제와 같은 왕족들 중에도 프리메이슨에 가입한 이가 있었는데, 이들은 한결같이 시민적 평등과 종교적 관용, 그리고 인신과 인격을 억압하는 모든 구속에서의 해방을 요구했다.

1788~1789년 파리에는 팸플릿이 넘쳐났다. 1788년 후반기에는 무려 2500종의 정치 팸플릿을 수집한 사람도 있었다. 영국의 아더 영이 1789년 6월 9일에 밝힌 것처럼 책도 "오늘은 13권, 어제는 16권, 지난주에는 93권"이나 출판되었다. 그리고 다른 어떤 시대보다도 18세기에는 아카데미를 통한 각

종 현상논제에 대한 공모가 많았다. 볼테르, 루소, 디드로 등과 같은 계몽사상가와 바래르Bertrand Barère, 로베스피에르Maximilien-Marie-Isidore Robespierre 등과 같은 미래의 혁명가들은 이들 아카데미의 단골 응모자들이었다. 이들은 문필의 재능을 동원해 앙시앵 레짐을 비판하고 새로운 체제를 위한 훌륭한 계획들을 내놓았다. 그들의 사상은 곧 부르주아를 중심으로 한 광범위한 독서계층에 스며들어 역사적 사명을 뚜렷이 자각하게 했다.

계몽사상가들의 투쟁적 사고는 훗날 프랑스 혁명으로 수립된 공화국에 도덕적·철학적 정당성을 부여했다. 특히 디드로가 주관해 130여 명의 문필가와 학자들이 참여한 『백과전서』의 "자유·마니교·하느님" 등과 같은 항목은 영적인 해방뿐만 아니라 지적인 해방의 길라잡이가 되었다. 그것들은 독자들에게 비판과 개혁의 이론을 제공했고, 그 이론의 실제 적용은 민중이 맡았다. 민중은 자신들의 충동적인 행동에다 문필가들의 사상을 적용한 것이다.

계몽사상가들의 작품은 거의 모두 금서령과 판매금지령을 받았는데도 상층계급의 규방, 오막살이집 등 신분 구분 없이 널리 읽혔다. 성직자들도 종전처럼 체념적인 설교보다는 신도들의 마음속에 분노를 일으키는 설교를 했다. 계몽사상가들의 영향은 마침내 멀리 농촌까지 번졌고, 이는 '국민적 단결'을 가능케 하는 것이었다.

둘째, 영국과 미국의 영향을 들 수 있다. 특히 영국 로크의 사상에 이어 자유로운 미국적 생활태도와 의식이 전파되면서 큰 영향을 받았다. 로크에 따르면, 자연은 인간에게 생존권·자유권·재산권을 주었는데, 그 권리들은 양도할 수 없는 것으로 모든 사람이 동등하게 소유하고 향유해야 하는 것이다. 18세기 프랑스 사람들은 영국에서 나온 이러한 사상을 유럽 전체, 나아가 서구 사회의 의식이 성장하는 전초기지까지 전 세계에 걸쳐 전파했다.[5] 사실 프랑스는 톰슨의 말과 같이 15세기에서 18세기까지 이탈리아의 예술, 영국의 철학, 미국의 자유사상을 받아들여 발전한 나라였다.[6]

또한 프랑스는 1774년 7월 4일의 미국독립선언에서 폭넓은 자극을 받았다. 1783년에 맺은 파리조약 후 라파예트와 함께 돌아온 미국독립전쟁 참전용사들은 자유의 힘찬 선봉대가 되었다. 하지만 한나 아렌트의 말처럼 프랑스나 유럽에서 혁명적 활력이 배양된 것은 미국독립선언 훨씬 이전부터였고 따라서 미국독립혁명 그 자체가 아니라 프랑스에 확산되던 미국적 생활조건과 의식이 혁명적 탄력을 가져온 것이다.

셋째, 부르주아의 성장을 들 수 있다. 위에서 시작된 혁명이든 아래에서 시작된 혁명이든 부르주아를 제외한 시민혁명은 불가능했다. 하지만 그들은 아무리 재력이 있고 실력이 있다 하더라도 제도상으로는 제3신분을 벗어날 수가 없었다. 그들은 좋게 말하면 중인 또는 평민이었으며, 나쁘게 말하면 상놈이었다. 현실과 제도 사이의 모순을 해결하고 싶어 하는 그들의 의식이 바로 혁명이라는 불꽃을 일으킨 가솔린이 되었다.

18세기에 빈곤하고 힘없는 일반 대중들을 안내해 줄 사람은 부르주아밖에 없었다. 부르주아들은 이러한 계기를 이용해 귀족과 평민들 중간에서 기반을 다지면서 혁신적인 세력으로 성장한 것이다.

넷째, 지배층의 이탈을 들 수 있다. 경제위기가 극심했던 1787년과 1788년에도 귀족들은 왕권강화보다는 자신들의 경제적·정치적 특권을 옹호하기 위해 부단히 노력했다. 심지어 루이 16세를 진정으로 염려해야 할 사람들인 왕의 아우 아르투아 백작, 프로방스 백작을 비롯해 왕의 사촌 오를레앙 공, 콩데 왕자, 콩티 왕자, 부르봉 공작, 당기앙 공작 등은 왕을 걱정하기는커녕 오히려 퇴위시키려는 궁리를 했다.

귀족들은 자유로운 영국을 부러워했다. 샤토브리앙이 말한 것처럼 프랑스 혁명이 일어나자 그들은 마음속으로 "오, 바라던 폭풍우여, 일어나라!" 하고 외쳤다. 게다가 왕비는 목걸이 사건 등 사치와 오락으로 시민들의 비난과 원성을 샀다. 군중들이 "빵을 달라"고 외쳤을 때 왕비 마리 앙투아네트Marie Antoinette가 "빵이 없으면 비스킷을 먹으면 될 게 아니냐?"고 한 것으로 보아 왕비는 왕을 도와주기는커녕 오히려 혁명의 불꽃에 기름을 붓는 역할을 한 것 같다.

다섯째, 루이 16세의 무능과 민심의 이탈을 들 수 있다. 재정이 어려워도 왕이 신뢰성과 지도력을 갖추었다면 혁명은 일어나지 않았을 것이다. 한 인간으로서 루이 16세는 정직하고 너그러우며, 모범적인 신앙심을 가진 듯하다. 그는 승마를 잘

했고 몸에는 결함이 없었다. 그러나 루이 16세는 행동이 느리고, 이상이 높지 않았으며, 상황 판단을 잘 못하고, 사람을 보는 안목도 전혀 없었다. 왕으로서의 위엄을 찾아보기 어려웠던 그는 사냥과 열쇠 만드는 일에 열중했고, 또한 대식가였다. 재임하는 동안 그가 사냥으로 보낸 날은 1775년에서 1789년 사이에 무려 1560일이라고 하니 대략 1년에 111일이나 사냥을 한 셈이다. 또한 루이 16세는 한 끼에 소고기 2인분, 구운 닭 한 마리, 포도주 한 병, 달걀 프라이 여섯 개를 빵과 함께 먹었다. 정치에 별 관심이 없었던 그는 식사 뒤에는 대개 작업장에서 열쇠 만드는 일에 열중했고 따라서 측근들은 그가 민중을 사랑한다고 생각하지 않았다.

여섯째, 전국삼신분대표의회 소집과 국민의회의 혁명적 활동을 들 수 있다. 루이 16세가 1789년 5월 5일에 전국삼신분대표의회를 소집하지 않았더라면 프랑스 혁명은 아마도 다른 형태로 일어났을 것이다. 전국삼신분대표의회가 소집되자마자 회의와 표결방법을 둘러싸고 각 신분대표들 간에는 실랑이가 벌어졌는데, 그것은 '머릿수'로 할 것인지 '신분별'로 할 것인지 하는 문제 때문이었다. 제3신분 대표들은 '신분별' 회의를 강요하는 루이 16세에게 항거했다. 6월 17일, 19명의 제1신분 대표자들의 지지를 받은 제3신분 대표자들이 자신들은 "국민의 100분의 96을 대표한다"고 주장하면서 자신들의 모임을 '국민의회'라고 선포하고 이후 '의회'의 동의 없이는 어떠한 세금도 징수할 수 없다고 결정했다. 스탈 부인은 "이 법령은

테니스코트 서약

혁명 자체였다"라고 했는데, 사실 그것은 혁명이었고 혁명적인 결정이었다.

왕이 회의장을 폐쇄하자 6월 20일, 의원들은 '테니스코트 서약'을 하고, 무니에Jean-Joseph Mounier의 제의에 따라 "헌법을 제정하고 확고한 기반을 다지기 전까지는 해산하지 않을 것"을 선서했다. 23일, 의회의 결정을 파기하고 세 신분이 각각 별도로 회의할 것과 퇴장하라는 왕의 명령을 의전장관인 드뢰 브레제가 전하자 미라보Mirabeau는 "우리는 총칼의 힘이 아니면 이 자리를 떠나지 않겠다"라고 외치며 자리뜨기를 거부했는데, 그것은 분명 항명이었고 혁명의 시작이었다.

사태의 심각성을 감지한 루이 16세는 6월 27일, 전체회의에서 '머릿수 표결'로 하라는 명령을 내렸다. 7월 3일, 빈의 대주교 르프랑 드 퐁피냥이 의장으로 선출되자 의회는 더욱 힘

18 프랑스 혁명

을 얻었다. 국민의회는 7월 9일에 의회를 '제헌국민의회'라고 선포하고 왕국의 헌법을 작성하는 과업을 시작했다. 무니에는 헌법기초의원 대표로 새로운 헌법 원칙을 설명하면서 헌법의 앞머리에 '권리선언'을 삽입해야 할 필요성을 주장했다.

일곱째로 네케르의 파면과 바스티유 함락을 들 수 있다. 7월 11일 왕이 재정문제 및 정국혼란의 책임을 물어 네케르를 파면하자 군중들은 충격을 받고 궐기하기 시작했다. 특히 카미유 데물랭은 권총을 빼들고 팔래 루아얄의 카페 드 푸아 Café de Foy 앞에 모여든 군중들에게 "무기를 들고 일어나라"고 외쳤다. 흥분한 군중들이 네케르의 화상을 들고 상이군인회관(Invalides)에서 탈취한 무기를 들고 수비대와 충돌했다. 봉기한 군중들을 수비대가 100명 가까이 무참하게 사살하자 악에 받친 군중들은 바스티유를 함락했고, 이 소식이 전해지자 도처에서 농민들 또한 궐기하여 성을 파괴하고 약탈하고 고문서와 권리대장을 불태웠다.

혁명에 혁명이 거듭된 혁명

프랑스 혁명은 네 단계로 구분된다. 즉, 1789~1792년 민주정치와 공화정치의 발생, 1792~1795년 자코뱅과 상퀼로트에 의한 공포정치와 혁명적 독재, 1795년 테르미도르 사건, 그 뒤 1799년까지 부르주아 공화제를 기반으로 한 집정정치로 나뉘어 질 수 있다. 이 네 단계에서 차례로 국민의회, 제헌국민의회, 입법국민의회, 국민공회가 탄생하였으며 이들 의회가 바로 프랑스 혁명의 추진체였다.

국민의회 - 혁명의 승인과 추진

바스티유가 함락된 뒤 왕이 파리의 민중들과 화해하기 위해 7월 17일, 파리시청에 나왔다. 그 자리에는 의원들은 물론 많은 시민들과 함께 파리대학의 교수와 학생들도 참석했다. 7월 29일에는 파리대학 총장과 대학 구성원 일행이 국민의회에 참석했고, 8월 4일에는 앙시앵 레짐의 특권을 폐지하는 감사의식인 '테 데움Te Deum'에 경의를 표했다.7)

농민들의 요구를 받아들이고, 사태를 수습할 수 있는 것은 국민의회밖에 없었다. 8월 4일 밤, 몇몇 자유주의 귀족의원들은 전통적으로 내려오던 수렵권 및 장원법정에서의 권리 그리고 영주의 특권 등이 포함된 장원권을 포기하는 결의를 했다. 의회는 "봉건제도와 '10분의 1'세가 폐지되었다"고 선언했다.

국민의회는 8월 26일에 앙시앵 레짐을 거부하고 「인간과 시민의 권리 선언」을 통해 자유·평등·우애를 슬로건으로 국민주권이라는 새 원칙을 세웠다. 의회가 군주에게서 인민에게로 주권을 넘긴 것이다. 마라Jean Paul Marat의 말처럼 루이 16세의 무능 때문에 바로 국민의회가 프랑스 혁명을 승인한 것이었다.

「인간과 시민의 권리 선언」의 골자는 "인간은 자유롭고 모든 권리에서 동등하다(1조)" "모든 통치의 원칙은 본질적으로 국민에게 속해 있다(3조)"는 것이며 소유권과 안전권, 압제에 대한 저항권이 있다(2조)는 것이다. 그것은 법

인간과 시민의 권리 선언

에 의한 지배와 평등한 개인으로서 행사하는 시민권 그리고 인민의 공동주권을 선포한 것이었다. 사람들은 권리를 쟁취했다는 기쁨에 들떠 있었다. 그러나 그것은 특권계급의 타도와 귀족제의 폐지를 정당화한 것이었을 뿐 결코 민중을 동반자로 받아들인 것은 아니었다. 노예제나 파업에 대한 언급이 없고 소유권을 전제로 하지 않은 기회의 평등에 불과했기 때문에 또 다른 혁명이 요구되는 상황이었다. 그렇다 하더라도 이 17개 조문은 1793년 헌법의 전문으로 기록되었고, 1958년 프랑스 헌법에 통합되어 오늘날까지 법적 가치를 지니고 있다.

제헌국민의회 - 헌법의 승인과 왕권의 포기

7월 7일, 무니에 등 30명으로 구성된 제헌위원회가 조직되었다. 이 시기는 대의제에 입각한 자유주의 시대였으나 일정 수준의 재산이 있는 자들만 참정권을 갖는 체제였다.

9월 제헌국민의회가 새로운 정부에 대한 실제적인 계획에 착수했을 때 혁명 추진자들은 분열하기 시작했다. 단원제든 양원제든 양편 모두 국왕의 강력한 거부권 행사를 두려워했다. 10월 4일 민중들은 왕이 빵 가격의 상승을 그대로 보고 있을 뿐만 아니라 의회의 요구를 계속 거부하는 데 불만을 품고 봉기한다. 게다가 베르사유에 도착한 플랑드르 연대를 축하하는 연회에서 근위대 병사들이 삼색 휘장을 짓밟고 군중들을 모독했다는 소식이 전해지면서 파리 민중들은 더욱 동요한다.

루이 16세를 파리로 모시는 여성의 힘

7000명이나 되는 파리의 여성들은 마이아르의 지휘에 따라 구호를 외치면서 베르사유로 행진했고 왕으로부터 「인간과 시민의 권리 선언」을 받아들이고 굶주린 민중들의 빵 문제를 해결할 것을 약속받았다. 그리고 여성들의 요구에 따라 국왕은 왕비와 황태자를 거느리고 라파예트와 함께 발코니에 나타났고, 환영박수에 이어진 "파리로!"라는 군중들의 외침은 결국 국왕을 굴복시켰다.

미슐레의 말과 같이 남성들이 바스티유 감옥을 탈취했다면, 여성들은 왕을 사로잡은 것이다. 민중들은 루이 16세를 튈르리궁으로 데려가 감시했다. 이 시기에 자진 사퇴한 의원들이 50명에서 점점 늘어나 헌법토론 시기에는 150-250명, 1789년 말에는 무려 250-550명에 달했다는 데서 알 수 있듯, 이제 혁명은 급진주의자들에 의해 과격한 쪽으로 치닫게 되었다. 재정적자 및 50억 리브르에 가까운 부채로 인한 파산을 막기 위해 의회는 11월 2일에 30억 리브르로 추산되는 성직자들의 재산을 국유화한다고 선포했다. 그리고 이렇게 국유화된 재산을 담보로 국고채권인 아씨냐assignats를 발행해 현금을 만들고자 했으나 성공하지는 못했다.

1790년 여름부터 헌법 개정의 필요성이 나타나기 시작했다. 이 시기 루이 16세는 튈르리궁에서 입헌군주의 역할을 했으며 반혁명파, 입헌군주파, 애국파 등의 의원들이 의회연단을 중심으로 각각 당파별로 자리 잡는 관행이 생겨났다. 미라보, 시에예스, 로베스피에르, 바이이, 라메트 등의 능변가들은 의회를 주도했으나 공통점은 없었다.

또한 혁명을 주도할 자코뱅 클럽이 탄생해 곧바로 지방에 450여 개의 지부를 두었는데, 국민공회 시대에 그것은 2000여 개의 지부로 확대되었다. 사람들은 카미유 데물랭이 발행하는 「프랑스와 브라방의 혁명」이나 마라가 발행하는 「인민의 벗」에 실린 기사를 놓고 논쟁을 펼쳤다.

83개의 지자체는 각각 국민방위군을 갖추었으며, 신속하고도 자발적으로 연합했다. 1790년 7월 14일, 파리에서는 바스티유 감옥 점령 기념과 대국민 화합을 위한 연맹축제가 열렸고 "국가와 법률과 국왕에게" 충성을 서약했다. 이 때 파리대학 학생들은 시민들과 함께 의식에 필요한 장식을 준비하기 위해 참여했다. 이후 1880년부터 7월 14일은 혁명을 기념하는 국경일이 되었다.

입헌정치의 틀이 마련되었다. 의원들은 루소의 사회계약론과 '일반의지(volonté générale)'에 의한 인민주권개념에 관심이 있었는데도 행정의회(Assemblée administrative)에 의해 지방분권화가 추진되었다. 지자체에서는 능동시민(citoyen actif)들이 2년마다 명사회와 자치체로 구성되는 코뮌 참사회의 의원들을 선출했다. 도에서는 2년마다 선거인회를 통해 선출되는 36인의 참사회의 의원으로 의결기관을 구성했다. 그리고 집행부는 참사회 안에서 선출한 8인의 의원들로 구성되었다.

1790년 7월 12일, 의회는 국가와 교회와의 관계를 정립했다. 성직자민사법(Constitution civile du clergé)의 제정으로 주교와 주임사제들은 이제 교황에 의해 서임되지 않고 국가의 공무원이 되었다. 성직자 출신 의원들의 3분의 1, 7명의 보좌주교, 약 45%의 주임사제, 파리대학 교수 161명중 41명이 성직자민사법에 선서했다. 서부·북부·동부·중부의 산악지대에 많았던 선서거부성직자들은 반혁명분자와 동일하게 취급받았다. 사람들은 프랑스 혁명이 종교와 왕, 국가와 교회를 분리한 것처럼 말한다. 그러나 성직자민사법은 선서파(assermentés)와 비선서파(réfractaires) 사이에 대립과 갈등을 조장시켰을 뿐만 아니라 종교와 국가의 분리에 역행했다.8)

1791년 4월 2일 밤, 그동안 왕과 의회를 연결해주고 있던 미라보가 갑자기 죽어 루이 16세에게는 의지할 사람이 없어져 버렸다. 게다가 왕은 4월 18일 연례행사인 생 클루로의 사냥을 떠나려다 군중들로부터 저지당하자 더욱 서러움을 느꼈다. 현실을 타개하고 왕권을 보존할 자신이 없는 루이 16세는 드

디어 외국으로의 망명을 결심하고 1791년 6월 20일 가족과 함께 국경부근의 몽메디에서 부이에 후작의 군대와 합류해 보호를 받으려고 튈르리궁을 탈출했다. 그러나 예정시간보다 여섯 시간이나 늦게 도착하는 바람에 안내자는 기다리다 지쳐 철수했다. 더욱이 왕은 국경 가까이 도착했다는 생각에 답답한 변장을 풀고, 검문하는 사람에게 지각없게도 자신의 초상이 그려진 새 화폐를 주었다. 이로 인해 그의 정체는 쉽게 발각되었고, 왕은 국경에서 겨우 40마일밖에 떨어져있지 않은 바렌에서 잡혀 '자유주의적 입헌군주'로 변신할 수 있는 기회를 놓치고 말았다. 탈출에 실패한 왕은 탕플성에 연금되었다.

코르들리에 클럽은 샹드마르스 광장에서 왕의 폐위와 재판을 요구하는 서명운동을 벌이며 보통선거제, 토지분할, 공화정을 요구함으로써 소상인과 상공인들에게 좋은 반응을 얻었다. 이러한 소식에 놀란 국민방위대장 라파예트는 시위하는 군중들을 무자비하게 해산시키면서 발포명령을 내려 50-100명의 사망자를 냈다. 바렌 도주에 대해 정당한 해명을 할 수 없었던 루이 16세는 의회와 파리 시민들에게 '배반자'라는 낙인이 찍히고 1791년 9월에 새 시대를 여는 새로운 헌법을 인준함으로써 또 하나의 혁명 단서를 제공했다.

입법국민의회 - 인민주권과 자유의 보장 그리고 대외전쟁

입법국민의회(Assemblée nationale législative)는 제헌국민의회를

계승했지만 다시 헌법이 만들어졌기 때문에 한 번 더 혁명을 한 셈이다. 1791년 7월 14일에는 여성 41명도 참가해 헌법을 개정하자는 「100명의 진정서」가 제출되는 등 다양한 청원과 운동의 결과로 '1791년의 헌법'이 제정되었고 프랑스는 공화제에 근접한 입헌군주제를 수립했다. 이제 왕은 단지 국민의 최고 종복이고 모든 주권은 국민이 지니게 되었다. 헌법은 능동시민이 선거권과 피선거권을 행사할 수 있게 했다. 능동시민은 25세 이상으로 현주소에서 1년 이상 거주하고 국민방위대에 등록되었으며, 시민법에 선서했고 하인 신분이 아니며 최소 3일간의 노동량에 해당되는 연간 2-3리브르의 직접세 납세자였다. 이들은 면소재지에 모여 제2차 선거인을 뽑았다. 제2차 선거인은 150-200일 노동량의 동산소유나 용익권자, 또는 100-150일 노동량 가치만큼의 집 차용자, 400일 노동량의 재산을 소유한 농민 또는 소작인이었다. 당시 430만의 성인 남자 중 약 60%가 능동시민이었으며, 100명에 한 명, 151-250명에 두 명의 선거인이 선정되어 제2차 선거인은 모두 4만 명이었다. 현마다 세 명씩 선출되어 745명의 의원이 선출되었다.

의회는 고문서학자인 바툴 의장의 주재로 1791년 10월 1일에 개회했으며, 입헌군주제를 옹호하는 푀양파 264명, 로베스피에르가 이끄는 급진적 공화주의자들인 자코뱅파 136명, 온건한 공화주의자들인 지롱드파 345명으로 구성되었다. '1791년의 헌법'은 국민, 법률, 국왕의 순서에 따라 인민 주권과 자유를 실제 보장하는 것을 전제로 했다. 그러나 그것은 구제도를 완전히 허물지 못했고, 다만 가진 자들의 지배를 보장했다는 의미에서 부르주아 시민을 위한 헌법으로 풀이되고 있다.

의회의 구성은 단원제 체제였고 2년을 임기로 하여 재산에 따른 제한선거로 이루어졌다. 상설이고 불가침권 및 법안제출권을 가진 의회는, 장관들에 대한 회계 감사권을 행사하고, 국가의 안전 및 헌법을 위반하는 행위를 국가최고법원에 기소하며, 외교위원회를 통해 대외정책을 조정할 수 있었다. 또한 의회에게는 국가재정 문제에 대한 절대권이 있어 왕으로부터 독립되어 운영되었다. 게다가 의회는 국가에 긴급한 사건이 발생했을 때 군사적인 조치까지 취할 수 있었다.

루이 16세는 보수적인 푀양파가 자코뱅파를 제어할 것이라는 기대로 군주권의 부활을 도모하고자 1792년 3월 지롱드파인 롤랑과 뒤무리에 장군을 입각시켰다. 의회는 왕의 제의에 따라 4월 20일에 오스트리아 황제인 프란츠 2세에 대한 선전포고안을 전적으로 통과시켰다. 전쟁의 시작과 함께 물가는 더욱 상승했으며 농민들은 곡식 판매를 거부했다. 도시에서는 상퀼로트 운동이 조직화되었고 상퀼로트들은 의회를 온건주의자들의 집합으로 몰아부치면서 파리 48개구의 제1차 선거인회의를 장악했다. 또한 그들은 가두시위를 벌이면서 당국을 위협했다. 이러한 상황에서 왕당파 장교 9000명 가운데 무려 6000명이 망명길에 올랐다.

1792년 7월에 프로이센군이 동부전선에 집결했고, 적과 뜻을 같이 했다는 이유로 왕의 폐위가 거론되는 가운데 그에 대한 진정서가 작성되었다. 7월 11일, 의회는 조국이 위기에 처했음을 선언하고 젊은이들이 군에 지원하도록 범국민적 운동을 전개했다. 마르세유에서는 루제 드 릴Rouget de l'Isle이 알자스에서 작곡한 「라 마르세예즈La Marseillaise」를 힘차게 부르며 파리로 행군했다. 이 혁명가는 1795년에 프랑스의 국가로 채택되었으나 1815년 이후 한동안 폐기되었다가 1879년에 다시 국가로 복원되었다.

1792년 7월 말부터 거세진 반국왕운동을 구실로 의회는 왕권을 일시적으로 폐지하고 국민공회의 설립을 결의했다. 파리는 8월 9일에서 10일 밤까지 혁명의 열기 속에 휘말려 400명 이상의 사상자를 냈다. 8~9월에 상퀼로트가 지배하는 새로운 파리시 코뮌의 추동으로 제1차 공포정치가 실시되자 왕당파들은 힘을 쓸 수 없게 되었다. 파리의 각 구에서는 감시위원회가 구성되어 가택수색이 이루어졌고, 500명에 달하는 '혐의자'가 체포되었다.

프랑스가 점령한 지역에서는 혁명 모자, 자유의 아버지 초상, 자유의 나무 등의 상징물로 혁명 정신을 강화했다. 1792년까지 자코뱅은 무려 6만 그루의 자유의 나무를 심었다. 그리고 1792년 이후에는 막대기 묶음에 도끼를 끼운 로마 시대의 권표(faisceaux, 권위의 상징)와 같은 장식물과 브루투스, 카토 등과 같은 공화주의자들의 애국심이 상징화되었다.[9] 그러나 국경지대의 허술한 틈을 타고 프로이센군이 침공했고, 9월 20일 발미에서 유럽 최강이라 할 프로이센군과 프랑스군은 5만 대

3만 4000으로 대결하게 되었다. 허겁지겁 도망할 것이라는 예상과는 달리 메츠군을 지휘하던 켈레르망 장군과 뒤무리에 장군이 합세한 프랑스군은 끝까지 버텼다. 상퀼로트로 구성된 프랑스군이 전투에 승리하는 것을 보고 괴테는 "오늘, 바로 이 자리에서 세계사의 새로운 시대가 개막되었다"고 말했다.

그러나 프로이센과의 전투에서 승리하기는 했지만 입법국민의회는 출범한 지 채 1년도 견디지 못하고 두 손을 들었다.

국민공회 - 공화정과 공포정치

1792년 왕정이 폐지되면서 왕의 초상화도 파기되었다. 국민공회(Convention nationale)는 제1공화국을 선포하고 국새에 새길 프랑스의 표상을 구상했다. 국민공회는 고대 그리스와 로마 문화에서 프랑스의 표상을 찾아냈다. 그것은 여성의 육체를 활용해 추상적 실체의 이미지를 구상하고 그 속성의 상징물을 여성에게 부여한 것이었다. 그렇게 해서 프리지아 모자를 쓰고 창을 든 마리안Marianne이 탄생했는데, 프리지아 모자는 '자유'를, 거울은 '진실'을, 곡식다발은 '농업'을 상징하는 것이었다. 마리안은 공화국과 자유는 불가분의 관계임을 표시하는 것으로, 정교분리원칙에 따라서 당시 가장 많이 선호되고 있던 마리Marie와 안Anne이라는 이름을 합한 것이었다. 마리안의 모습은 두 가지가 있었는데, 하나는 젊고 풍만한 모습에 무릎 위로 올라간 짧은 옷을 입고 한 쪽 가슴을 노출한 야

성적인 여성이고, 다른 하나는 고대 풍으로 전신을 감싼 엄숙한 표정으로 정적인 자세로 앉아 있는 여성이다.

혁명은 로베스피에르, 생쥐스트, 쿠통 등을 주축으로 한 자코뱅이 주도했다. 입법국민의회 초기 푀양 클럽에는 83개의 가맹단체가 있었으나 자코뱅에게는 550개가 있었다. 그러나 1791년 자코뱅에게는 1200명의 회원과 함께 400개의 지방 가

마리안

맹단체가 있었고 이 숫자는 1792년에는 600개, 1793년에는 800개, 1794년에는 2000개로 늘어났다. 자코뱅은 산악파, 혁명정부, 공포정치를 주도했다. 자코뱅의 힘은 전국에 설치된 지부와 파리 상퀼로트의 위세에서 나왔다. 자유·평등·우애는 이제 고전적인 슬로건이 되었고 자코뱅은 대불동맹과 그들의 침입 앞에서 공화국의 상징인 마리안과 대비해 조국애·평등·자유를 외쳤다. 자코뱅은 내란을 평정하고 전쟁에서 승리해야 했으므로 자유와 평등보다 조국애를 강조한 것이다. 1792년 9월 21일에 보통선거로 뽑힌 749명의 새 의원들이 혁명정부를 이끌었다. 국민공회는 소집되자마자 왕정을 폐지하고, 다음날 공화정을 선포했다. 그리고 전통적인 달력이 버려지고 새로운 '공화력'이 채택됨에 따라 가을은 포도의 달, 안개의

달, 서리의 달, 겨울은 눈의 달, 비의 달, 바람의 달, 봄은 파종의 달, 꽃의 달, 초원의 달, 여름은 수확의 달, 열의 달, 열매의 달로 정해졌다. 이는 새 시대의 선언이었다.

국민공회는 1792년 9월부터 다음해 6월까지 160명에 불과한 지롱드파가 이끌어 나갔으나 사실상 그들이 정치적 주도권을 장악하기는 어려웠다. 1793년 6월, 바래르와 시에예스 등 소택파가 산악파를 지지함으로써 다음해 7월까지 산악파가 의회와 혁명정부를 주도했다. 마라, 당통Georges Jacques Danton, 로베스피에르 등이 이끄는 산악파는 상퀼로트의 운동에 적극적인 찬사는 보내지 않았지만, 그들을 후원하고 때때로 그들과 결합해 공포정치를 전개했다. 12월 5일, 로베스피에르는 미라보와 엘베시우스의 흉상을 파괴하고 루소의 사회계약론과 일반의지론을 정치원리로 활용했다.

국민공회 제4대 의장이 된 바래르는 인민을 배반한 루이 16세에게 42가지의 질문을 던져 심문했다. 결국 국민공회는 루이 16세를 인민의 소집 없이 재판하고, 인민의 이름으로 1793년 1월 21일에 단두대에서 처형했다. 사형 집행인이 루이 16세의 목을 들어 올리자 군중들은 환호의 뜻으로 "공화국 만세"를 외쳤다. 왕이 처형된 혁명 광장은 오늘날 콩코르드 광장이라 부르고 있다.

왕의 처형에 충격을 받은 방데 지방 농민들이 1793년 30만 징집령을 계기로 왕당파로 구성된 '올빼미당(chouannerie)'과 합세해 게릴라 형태의 반란(1793~1795)을 일으켰다. 처음에는 사

무장한 상퀼로트

냉지 관리인인 스토플레와 짐 마차꾼인 카틀리노의 지휘를 받던 농민들이 엘베, 샤레트 등 귀족들의 지휘를 받으며 규모가 커지고 극렬해졌다. 유럽의 군주들도 루이 16세의 처형에 경악을 금치 못했고 비교적 온건한 영국의 피트 수상조차 대불동맹의 결성에 앞장섰다. 여기에 오스트리아, 프로이센, 독일, 이탈리아의 제후들과 러시아, 에스파냐 왕이 가담하면서 프랑스는 위기에 몰리게 되었다.

국민공회는 82명의 의원들을 각 지방에 파견해 애국심을 고취하고 징병을 독려하면서 혁명 추진에 열기를 불어넣었다. 특히 보르도의 탈리앙, 릴의 르봉, 리옹의 푸셰, 콜로 데르부아, 낭트의 카리에 등은 징병에 놀라운 성과를 올렸다. 따라서 1793년에 63만, 다음해 여름에는 80만 명의 군대가 확보되었다. 그리고 1793년에 국민공회의 군대는 마르세유, 보르도, 리옹, 툴롱, 방데 등지에서 전승을 거두었다.

당시 35세의 젊은 로베스피에르는 국민공회에서 산악파를 주축으로 혁명을 성공적으로 추진하고자 최선을 다했다. 그는 상퀼로트와 평원파의 지지 아래 의회에서 실권을 쥐고 혁명재판소, 공안위원회, 치안위원회 등 혁명추진에 필요한 기구들을 조직했다.

더욱이 로베스피에르는 의회와 민중의 절대적인 지지 속에 청렴공(L'incorruptible, 청렴결백한 인물)으로 추앙받고 있었다. 그는 평화 시대와 달리 혁명 시대에는 '공포'가 덕이라고 생각했다. 그는 독재적이고 중앙집권적인 혁명정부가 난국을 타개할 수 있다고 믿었다. 따라서 그는 상퀼로트의 힘을 끌어 들여 혁명의 효과를 배가시키고자 했다. 1793년 9월 5일, 국민공회는 의회를 점거한 상퀼로트의 위협 아래에서 어쩔 수 없이 '공포정치'를 의제로 삼는다. 특히 혁명재판소에서는 반혁명범죄자를 다루었는데, 일단 판결을 내리면 피고는 상소하거나 변호사를 선임할 수 없었다. 재판장 에르망과 악명 높은 푸키에 탱빌은 파리에서만 1만 7000명을 처형했다.

한편 경제적 위기를 극복하기 위해 빵 가격 인하, 제품 가격 및 임금의 공정화, 국유재산 분할 및 매각 등의 조치가 취해졌고 아씨냐를 거부하는 사람에게는 사형이 선고되기도 했다. 또한 1793년 9월 17일에는 사회 안정을 위해 공민증(certificat de civisme)이 거부된 자 및 연방주의자, 반혁명분자로 간주된 '혐의자'들에 대한 체포령이 내려졌다. 산악파의 일부에 속한 '관용파'는 당통과 데물랭을 중심으로 관용과 평화를 주장했다. 관용파는 에베르파, 그리고 자크 루의 '격앙파'에 맞서 논쟁을 벌였다. 1794년 3월 24일, 로베스피에르는 에베르와 자크 루가 소수임을 이용해 격앙파에 대한 체포령을 내렸다. 이어서 그는 3월 말에 당통과 관용파를 체포해 4월 5일에 처형함으로써 불안요소들을 제거하고 공포정치의 기반을 다졌다. 그러나 극단적인 자코뱅들에 대한 반감과 함께 탈중앙집권과 공화국의 생존을 중요시하는 그룹도 형성되었다.

테르미도르 반동 – 공포정치의 종료와 집정정부의 시작

1794년 7월 28일(테르미도르 10일) 저녁 7시, 로베스피에르, 생쥐스트, 쿠통 등 공포정치의 주역 22명이 처형되는 엄청난 정치변동이 일어났다. 테르미도르 반동(열월의 쿠데타)이라 불리우는 이 사건으로 로베스피에르의 몰락과 더불어 공포정치는 종결되고 바래르가 등단했다.

에베르와 당통이 처형된 후 프랑스는 로베스피에르의 세상이 되었다. 6월 4일 국민공회의장에 선출된 로베스피에르는 22일에 살인적인 법을 공포했다. 그리고 월말에는 '카니발 재판소(tribunal de cannibales)'를 설치했으며, 메시도르 달(수확의 달, 6.20.~7.19.)에는 자유의 상이 피로 물들 정도로 많은 처형이 이루어졌다. 그러나 7월 26일, 테르미도르 사건이 일어나기 2개월 전부터 국민공회에 나타나지 않았던 로베스피에르가 갑자기 나타났다. 그는 의회의 연단에 올라가 반혁명분자의 재산을 몰수해 애국자들에게 분배하자는 안을 제시하고, 자신을 음해한 의원들을 그냥 두지 않겠다는 위협적인 말을 했다.

사실 로베스피에르가 혁명정국을 주도했던 마지막 6주 동안에 최소한 1285명의 머리가 단두대에서 잘렸다. 그리고 1793년 9월에서 1794년 7월에 이르는 기간 동안에는 무려 2만 명 가량이 공화국을 위협한다는 죄목으로 처형되었다. 의원들은 외국과 벌일 전쟁 및 공포정치에 대한 두려움이 고조된 상황에서 이제 더는 로베스피에르를 두고 볼 수 없다는 결론을 내렸다.

7월 27일 아침 11시, 국민공회는 벨기에에서 승리한 군대 및 대불동맹군을 격퇴한 전선의 군대에 대한 일들을 긴급한 안건으로 다루고 있었다. 생쥐스트Louis Antoine Léon de Saint-Just가 연단에서 발언권을 얻으려 했지만 탈리앙의 저지를 받았다. 그러고 나서 로베스피에르가 연단에 오르려 하자 의원들은 "내려가라! 내려가라! 독재자 내려가라!"면서 "바래르! 바래르!"라고 외쳤다. 의원들에게 시급했던 것은 바래르에게서 전황에 대한 설명을 듣는 것이었다.

의원들의 구호 아래 바래르가 등단해 국민방위대 사령관인 앙리오를 제거하는 법령을 결의했고, 루셰의 제의를 근거로 로베스피에르, 생쥐스트, 쿠통을 고발하는 투표가 이루어졌다. 그들이 저지른 모든 일이 드러나자 생쥐스트, 르바, 쿠통은 도망가다 잡혔고 로베스피에르는 자신의 턱에 총을 쏴 자살을 시도했다. 헌병들에게 잡혀 온 그의 모습은 처참했다. 로베스피에르의 종말은 곧 공포정치의 종말이었다. 로베스피에르가 몰락한 뒤 캉바세레, 부아시 당글라스, 시에예스 등 평원파는 오랜 시름에서 벗어나 바라, 탈리앙, 프레롱 같은 회개한 산악파들과 정치적 손을 잡았는데 이들을 '테르미도르파'라고 부른다.

알프레 수비롱의 말처럼 테르미도르는 '하나의 실패한 쿠데타'였다. 8월 12일, 여론은 억류자들의 석방과 테르미도르 반동자들에 대한 처벌을 요구하고 나섰다. 15일부터는 공안위원회가 감금당한 자들의 부모 및 친구들과 함께 구명운동을 개시했고, 메에 드 라 투슈가 「로베스피에르의 꼬리」라는 팸플릿을 발간해 즉각 성공을 거두면서 사태는 달라졌다. "비오 바렌, 콜로 데르부아, 바래르 등이 꼬리가 되어 항상 움직이고 있었으니 머리를 무엇으로 자를 것인가?" 하는 것이 심각하게 논의되었다. 공안위원회와 치안위원회가 결국 그들을 '로베스피에르의 꼬리'로 단정하고 유죄를 가결함으로써 테르미도르 주동자들은 모두 유배형이나 교수형에 처해졌다.

이후 집정정부와 나폴레옹의 쿠데타가 이어지는데, 일부 역사가들은 이 두 기간을 프랑스 혁명에 포함하기도 한다. 프랑스 혁명은 복잡한 사건과 과격한 사건의 연속으로 인해 어떤 식으로 서술되더라도 혼란을 피할 수는 없다. 이러한 점을 최소화하고자 이제 혁명에 혁명을 거듭하는 과정에서 주요 역할을 한 인물들의 활동을 연대순으로 살펴보자.

혁명 추진의 주역들

라파예트 – 자유의 투사? 샹드마르스의 학살자?

라파예트(1757~1834)는 미국에서 가장 잘 알려진 '자유의 투사'이자 혁명가이다. 그는 미국독립전쟁이 일어나자 파리주재 미국대사 실라스 딘을 만나 전쟁사령관의 직위로 미국독립전쟁에 참전하겠다는 협상을 했으나 실패했다. 루이 16세는 물론 벤자민 프랭클린이나 아더 리와 같은 미국 사절들도 그의 출전을 반대했다. 파리주재 영국대사가 보르도에서 승선하기로 되어 있는 그의 배를 나포하라는 명령을 내렸으나 허사였다.

라파예트는 변장을 하고 동료 열한 명과 함께 프랑스를 떠난 지 2개월 만에 사우스캐롤라이나 주의 조지타운에 상륙해

전쟁사령관직을 요구했다. 그러나 그의 연설을 들은 미국 의회는 그의 제의를 거절하고 의용군 사령관직을 권유했다. 왜냐하면 라파예트가 영어를 유창하게 구사하지 못하기도 했지만, 그의 나이가 불과 19세밖에 되지 않았기 때문이었다. 그러나 라파예트는 1777년 9월 11일에 펜실베니아의 브랜디와인 전투에서 승리를 거두었으며, 이어 워싱턴 장군에게서 1개 사단을 받아 배런 언덕에서 자신들보다 2배가 넘는 영국군을 기묘한 전술로 퇴각시켰다.

라파예트는 프랑스와 영국 간의 전쟁이 다시 선포되어 워싱턴 장군의 허가를 받아 프랑스에 귀국한 와중에도, 왕에게 미국독립전쟁의 대의명분을 설득해 구원병을 이끌고 미국에 다시 돌아가 여러 차례 전공을 세웠다. 그는 미국독립전쟁 승리 후 미국에 머물다가 파리조약으로 미국의 독립이 국제적으로 인정받자 1783년에 프랑스로 개선했다. 루이 16세는 라파예트의 귀국소식을 듣고 괘씸해서 엄벌에 처하려고 했으나 라파예트를 따르는 군중이 대단히 많아 하는 수 없이 미국에서 수여한 육군 소장의 계급장을 다시 달아주었다. 이제 프랑스에서 라파예트는 '자유의 투사'로 불렸다.

라파예트는 바스티유가 함락된 다음 날 국민방위대장에 임명되었다. 그는 제퍼슨의 미국독립선언서를 참고로 의원들과 함께 「인간과 시민의 권리 선언」을 작성하고, 국방군 사령관에 선임되었으며 삼색기를 채택했다. 10월 6일 성난 군중들이 베르사유궁을 습격했을 때, 라파예트는 루이 16세와 왕비 마리 앙투아네트를 구해냈다. 라파예트는 의회에서 종교적 관용, 출판의 자유, 법정배심원제도의 창설, 귀족과 특권계급의 호칭 폐지 등을 주장했으며, 바렌 탈출사건에서 왕을 체포케 하고 민중들의 난폭한 행동을 저지해 혁명을 온건하게 이끌고자 했다. 혁명의 과격화와 재산권의 침해 그리고 공화정의 등장을 우려했던 라파예트는, 1791년 7월 17일 군중들이 샹드마르스에 모여 왕의 폐위를 주장했을 때 발포 명령을 내려 50여 명의 사상자를 냈고 그로 인해 그는 '샹드마르스의 학살자'가 되었다. 이 사건으로 해직된 그는 12월에 메츠 주둔군 사령관으로 임명되었으나 1792년 4월에 오스트리아 전쟁이 시작되자 혁명세력을 탄압했다. 그 해 6월 8일, 라파예트는 의회 연단에서 위압적인 말투로 자코뱅 클럽과 코르들리에 클럽을 봉쇄할 것을 촉구했다. 귀아데가 라파예트의 징계를 요구했으나 동의안은 234대 339로 부결되었다. 그런데 그날 저녁 자코뱅 클럽에서 라파예트에 대한 기소를 요구하는 브리소와 귀아데의 의견에 로베스피에르가 전적으로 동의했다. 민중봉기를 두려워한 의회는 지난번보다 많은 224대 406으로 라파예트에 대한 기소를 부결시켰다. 그러나 8월 10일 봉기로 군주제가 타도되자 라파예트는 오스트리아로 도주했다.

오스트리아군은 라파예트를 이 성 저 성으로 끌고 다니다 마침내는 올뮤츠성에 감금했다. 부인과 워싱턴의 노력에도 그는 5년간 억류되었다가 프랑스와 오스트리아의 조약체결 시 나폴레옹의 요구로 풀려났다. 그러나 라파예트는 1804년 나폴레옹이 황제가 되었을 때 반대표를 던졌고, 워털루 전투에서 패배했을 때는 황제 퇴위를 요구하기까지 했다.

1824년에 미국 정부는 라파예트를 개선기념여행에 초대했다. 그는 가는 곳마다 열렬한 환영인파에 둘러싸였고 미국 의회는 그에게 미국 시민권과 20만 달러의 보상금을 주었다. 1830년 라파예트는 73세의 고령에도 불구하고 7월 혁명에서 국민군 사령관에 선임되었고 오를레앙 공이 루이 필리프의 이름으로 즉위하는 데도 공을 세웠다. 1876년 그의 동상이 뉴욕에 세워졌고, 오늘날에도 프랑스 도시의 광장, 도로, 거리, 학교에는 라파예트의 이름이 붙어있는 곳이 많다.

카미유 데물랭 - 혁명의 화약고?

카미유 데물랭(1760~1794)은 로베스피에르와 콜래주 드 루이 르 그랑(collège de Louis-le-Grand)의 동기생이다. 프랑스 혁명이 일어날 때 그는 이미 변호사보다는 저널리스트로 더욱 명성이 나 있었다. 전국삼신분대표의회가 개회되면서 그는 혁명에 대한 민중의 비등한 열정과 뜻을 간파했다. 데물랭은 민중과 뜻을 같이 하려고 7월 12일에「자유 프랑스La France libre」를 출간했는데, 때마침 오후에 네케르의 파면소식을 들었다. 그는 당시 공론의 광장으로 사람들이 많이 모이는 팔래 루아얄 광장에 갔다. 그가 흥분한 군중을 향해 "시민 여러분, 여러분은 네케르가 유임되기를 원하고 있다는 것을 알 것입니다"라고 하자 사람들이 그를 단상 위로 밀어 올렸다. 데물랭은 카페 드 푸아 앞에 있는 단상에서 6000명의 군중을 향해 "희망의 청색 리본을 달고 무기를 드십시오!"라고 외쳤다. 그는 먼저 청색 리본을 모자에 꽂았다. 데물랭의 외침에 따라 성난 군중들이 상이군인회관에서 무기를 탈취하고 7월 14일에 바스티유를 함락했다.10)

바스티유가 함락된 후 데물랭은 부친에게 사람들이 자신을 혁명의 주요인물로 생각한다는 편지를 썼다. 그리고 11월 28일에 주간신문「프랑스와 브라방의 혁명」을 창간했다. 또한 그는「파리 시민에게 드리는 가로등의 담화문」을 발간해 제헌국민의회의 개혁안을 지지하고 공화주의 이념을 제시했다.

1789년 8월 말 국민의회가 헌법과 국왕의 거부권 문제에 관한 안건을 채택할 때, 다시금 팔래 루아얄 광장의 카페는 궁정에 상정할 결의안을 논의하는 장소가 되었다. 8월 30일 흥분한 군중이 생튀뤼그의 선동에 따라 카페 드 푸아에서 국민의회를 향해 데모행진을 계속했다. 시 당국이 이 같은 정보를 입수하고 국민방위군에게 카페의 모든 출구를 봉쇄케 했다. 이때에도 데물랭은 루스탈로와 함께 이에 대항해 무기를 들고 봉기하라고 촉구했고, 그러한 점에서 카페 드 푸아는 혁명의 아지트 역할을 했다고 할 수 있다. 국민방위대장 라파예트는 봉기자들을 체포해 무장한 병사들과 함께 카페 드 푸아에 들여보냈고 그 안에서 피비린내 나는 살육전이 벌어졌다.

데물랭은 바렌 탈출사건으로 프랑스를 배신한 루이 16세는 더 이상 왕이 아니기 때문에 폐위해야 한다며 공화국 설립운동을 추진했다. 데물랭은 자코뱅 클럽과 코르들리에 클럽에서 당통과 긴밀한 관계를 맺고 그가 법무장관이 되었을 때 사무국장으로 일한 뒤, 곧 국민공회의원이 되었다. 그는 혁명 초기에 로베스피에르와 함께 자유·평등·형제애를 처음 외쳐댄 사람들 중 하나였다. 그러나 데물랭은 극좌파인 에베르파의 비기독교화 운동을 비난하고 로베스피에르의 공포정치에 반대하다가 당통과 함께 처형되었다. 그리고 그는 무엇보다도 변호사로서 법정보다는 카페에서 시간을 더 많이 보낸 카페의 단골손님이었다.

한편 카페 드 푸아를 유명하게 만든 것은 메리쿠르Méricourt (1762~1797)였다. 메리쿠르는 '혁명의 여인' '바스티유의 탈취자' '베르사유 행진의 선도자' '여성해방방위대 사령관' '혁명의 아마존' 등 화려한 이름으로 군중의 사랑을 받고 있었다. 메리쿠르는 1778년에 맺은 콜베르 부인과의 인연으로 읽기와 쓰기, 음악 교육을 받았으나 한 영국군 장교와의 사랑을 계기로 이후 사교계에서 몸을 망쳤다. 비록 몸은 병들어 망가졌으나, 그녀는 시에예스의 「제3신분이란 무엇인가」에 감동을 받고 혁명에 반해 자기의 숙소인 오텔 드 그르노블을 정치 클럽으로 발전시켰다. 시에예스, 브리소, 데물랭, 바르나브, 마라, 조셉 셰니에 등의 혁명가들 및 지식인들과의 교류는, 그녀의 정치의식을 제고하고 여성으로서 혁명을 향한 사명감을 키우게 했다. 메리쿠르는 헌정동지회와 코르들리에 클럽에서도 활약했다. 특히 메리쿠르는 1789년 10월, 매춘부·생선장수·행상·여장 부랑자등 약 2000명으로 구성된 그 유명한 여성들의 베르사유 행진 때 큰 역할을 했다. 그 공로로 그녀는 동료 여성혁명가들 중 최초의 월계관을 받았다. 비록 미모는 다소 떨어졌지만 메리쿠르는 재능있는 선동가의 명성을 얻어 팔래 루아얄 광장에서 혁명의 고무자 역할을 했는데, 리바롤은 이러한 메리쿠르를 '데모크라시의 여신'이라고 불렀다.

자코뱅과 지롱댕, 과격파와 중도파의 소용돌이 속에서 공포정치를 표방한 자코뱅의 피비린내 나는 살육이 감행되자 메리쿠르는 지롱댕과 투사적 페미니즘의 입장에서 증오심으로 로베스피에르를 추궁했다. 1792년 4월 12일, 메리쿠르는 카페 오토에서 로베스피에르와 콜로 데르부아에게 '혁명의 배신자'라는 딱지를 붙여 연설을 했다. 이에 로베스피에르가 자코뱅 클럽에서 청중들에게 "메리쿠르의 연설은 참으로 가소로운 것이었다"라고 하는 순간, 화가 난 메리쿠르가 승마용 채찍을 들고 목책을 뛰어넘어 로베스피에르에게 달려들었다. 놀란 청중들이 메리쿠르를 객실 밖으로 쫓아냈다. 1793년 5월 15일 오전 10시경 메리쿠르는 지롱댕을 지지하기 위해 국민공회에 마련된 방청석에 입장하려 했다. 그러나 자코뱅과 여성 상퀼로트들이 메리쿠르를 저지시키고 튈르리 궁전 테라스에서 그녀를 붙잡아 스커트를 걷어 올려 머리를 감싸게 한 뒤 허옇게 드러난 그녀의 엉덩이를 사람들이 보는 앞에서 호되게 때렸다. 마라가 급히 달려와 메리쿠르를 구했지만 그로인해 미쳐

버린 그녀는 정신병원으로 보내져 친구들이 당한 단두대의 운명을 피할 수 있었다.

한편 파리의 카페들은 혁명과 밀접한 관련이 있었는데, 이 무렵 자코뱅 당원들은 성 자코프 도미니크 수도원에서 카페 오 토로 아지트를 옮겼다. 그 곳에서 그들은 의회 보고서를 검토하고 사건을 논평했으며 선전 슬로건을 토의했다. 루이 16세가 처형된 뒤 자코뱅 당원과 지지자들은 팔래 루아얄에 다시 모였다. 당시 맛있는 음식과 음료로 인기 있던 카페 코라차에서는 도박판까지 벌어졌다. 법무장관 가라의 메모를 보면, 카페 코라차에서는 파리 교외에서 벌일 5월 봉기와 국민공회를 포위하기 위한 갖가지 준비가 행해졌다. 그곳에서는 에베르파의 자금담당 구주만이라든가 드 코크 형제, 무정부주의자이자 기독교를 대신할 이성적 종교를 주장한 독일 출신의 클루가 요주의 인물로 감시받고 있었다.

혁명을 모의한 여러 장소 중에서 자코뱅 당원들이 주로 모인 곳은 생토노레가에 있는 카페 시네, 중국목욕탕이 있는 커피하우스, 카페 마들렌, 그리고 카페 슈레티엔이었다.11) 특히 카페 슈레티엔에는 육군장관 부쇼트, 공안국장관 바디에르, 국민공회의장 부르동과 캉봉, 루이 16세의 체포에 공을 세운 우편국장 아들 장 드루에, 그리고 많은 편집자들과 저널리스트, 쇼메트와 에베르를 추종하는 선동정치가들이 모였다. 여기에서 팡테옹 클럽이 결성되었고 초대회장에 바디에르가 선출되었다. 이들의 목적은 '1793년 헌법을 회복'하는 데 있었다. 집정 정부는 이들에 대한 정보를 알고 있었지만 어떠한 조치도 취하지 않았다. 그러나 1796년 2월 26일, 나폴레옹은 팡테옹 클럽을 해산하고 구성원들을 추방 또는 투옥시켰다.

미라보 - 왕과 의회의 중재자? 혁명가?

미라보(1749~1791)는 머리가 크고 어깨가 넓었으며 몸집은 크면서 땅딸막한데다가 3살 때 천연두를 앓아 얼굴이 추하고 인상이 강했다. 아버지의 강권으로 18세 때부터 군사학교를 다녔던 그는 방탕함과 낭비벽으로 뱅센 감옥에서 지내다가 네덜란드로 탈출했다. 그 뒤 미라보는 아내와 아버지에게 버림받고 귀족사회를 떠나는 사태까지 벌어진다. 그는 모험과 절망의 세월을 보낸 뒤 귀국해서 프로방스의 귀족 대표의원으로 출마하고자 했으나 영지가 없어 제3신분 대표의원으로 액상프로방스에서 당선되어 국민의회를 이끄는 핵심 인물들 중 한 사람이 된다.

학창시절 미라보는 로베스피에르처럼 세네카와 플루타르크를 탐독했고 라파예트처럼 자유주의 사상을 지닌 귀족출신으로 알려져 있다. 프랑스 혁명이 일어나기 직전 미라보는 『프리드리히 대왕하의 프러시아 군주국에 대해』(1788)에서 매뉴팩쳐(Manufactur, 과도적 경영양식인 공장제 수공업)에 대해 말하면서 "더 완전한 자유"가 보장되어야 국가적 번영을 이룩할 수 있다고 주장했다. 그리고 미라보는 1789년 7월 24일부터 「프로방스 신문Courrier de Provence」을 발간해 자유주의적인 자신의 정치적 견해와 정계 소식을 전했다. 미라보는 신문발간이 힘겨워 바래르의 「새벽신문Point du Jour」과 합병하고자 했으나 "피레네의 양은 늑대와 어울릴 수 없다"는 말로 바래르에게 거절당했다. 그러나 카스틀란 노브장Castellane-Novejean 후작의 집에서 일주일에 두 번 만찬을 들면서 정치문제에 대한 의견을 나눈12) 것으로 보아 정치문제에 있어서는 바래르와 특별한 일이 없었던 것 같다. 한때 미라보는 카스틀란, 프레토, 바래르와 함께 봉인문서위원으로서 전국 32개 감옥의 수감등록자 명부를 검사하기도 했다.

고향 친구 클라비에르와 뒤몽에 따르면, 미라보는 비상한 웅변 능력, 타고난 힘, 절제된 감정의 소유자였으며 광범위한 지식과 예리한 지성, 앞을 내다보는 탁월한 정치 감각을 지녔다. 그의 넓은 이마에 다듬어진 침착한 생각과 그가 내뱉는 문장 한마디 한마디는 형식과 내용에서 놀라울 만큼 설득력을 지녔다. 바래르의 말처럼 미라보는 말이 날카롭고 형이상학적이었으며 친절하고 신중한 성격을 지녔을 뿐만 아니라 항상 호감 가는 말씨와 목소리로 사람들을 매료시켰다. 미라보는 출중한 재능과 풍채, 언변으로 국민의회를 간단히 휘어잡았다. 그는 혁명을 온건한 방향으로 끌고 가려 했으며 영국을 모델로 하는 합법적인 개혁을 생각했다. 그는 봉건권력에 맞서 투쟁하면서도 혼란 없이 새로운 헌법을 마련해 강력한 군주제를 실시하고자 했다. 따라서 미라보는 여인들이 루이 16세를 베르사유에서 파리로 옮기려는 것을 막으려고 노력했다. 또한 그는 왕이 혁명을 피해 다른 곳으로 가는 것도 막으려했다. 왜냐하면 왕이 피신에 실패할 경우 그것은 흥분한 국민들의 심장에 불을 붙이는 것과 같은 화를 자초할 것이라고 생각했기 때문이다. 이러한 미라보의 설득력과 영향력이 의회와 루이 16세 사이를 중재했다.

그러나 1791년 4월 2일 밤의 풍성한 파티 후 미라보는 갑자기 사망했고 그로 인해 루이 16세와 의회사이의 대화 창구는 닫히게 된다. 미라보가 없는 루이 16세와 의회는 나사가 풀린 것과 같았다. 혁명의 광기에 대응할 인물이 사라지자 프랑스 혁명은 유혈혁명으로 치닫는다. 바래르는 의회에서 "조국과 인류에 기여한 미라보의 위대한 업적에 특별대우를 해야 한다"고 제의했다. 이에 라 로슈푸코 리앙쿠르가 동의함으로써 미라보의 장례는 국장으로 치러졌고 그의 유해는 팡테옹에 안치되었다. 바래르는 미라보의 탁월한 재능, 오묘한 정책, 과감한 애국심, 대단한 통찰력과 고귀한 노력에 경의를 표했다. 그러나 미라보가 반혁명음모에 연루되었음을 드러낸 루이 16세의 '철제장롱'이 발견됨에 따라 1793년 11월, 그의 시신은 팡테옹에서 철거되었다.

장 폴 마라 - 살인적인 고발자? 혁명의 희생자?

장 폴 마라(1743~1793)는 1770년대 런던에서 활동한 유명한 의사였다. 과학과 철학을 주제로 여러 권의 책을 출판했던 그는 프랑스에 돌아와 1774년에 『노예제도의 사슬』로 절대주의 정치구조를 비판했으며 1780년에는 『형법제정 시안』을 출판했다. 프랑스 당국의 탄압을 받았던 그는 1789년 9월에 「인민의 벗 Ami- du peuple」을 발간하면서 가장 급진적이고 민주적인 정책의 대변자로 부각했다. 그는 귀족들이 혁명을 파괴하는 것에 대한 대책을 세우고 군주정은 철폐되어야 한다고 주장했다. 마라는 국민공회의원이 되면서 유력한 인물로 떠올랐고 민중들의 지지를 받았다. 특히 1793년 4월에는 지롱드파에 의해 혁명재판소에 넘겨져 심문도중 무혐의로 풀려난 뒤 생애 최고의 세력을 행사했다. 마라와 「인민의 벗」은 프랑스 혁명에서 '사람을 죽이기도 하고 살리기도 하며, 출세시키기도 하고 매장시키기도 하는' 막강한 힘이 있었다. 그것은 권력에 따른 것이 아니라 여론을 불러일으키는 '바람' 때문이었다.

마라는 누구든 가리지 않고 공격했다. 특히 그는 왕당파를 모두 붙잡아 단두대로 보내야 한다고 역설했다. 마라는 입버릇처럼 "우리는 음모에 휩싸여 있다"고 부르짖었다. 마라에게 의심받은 인물은 더는 조용히 살 수가 없었다. 그의 「인민의 벗」에 이름이 거론되는 사람은 신상 변동을 각오해야 했다.

어느새 마라는 두려운 존재, 기피하는 존재가 되었다. 모두 그를 미워했기 때문에 마라는 쫓기는 몸이 되어 영국으로 두 차례나 도망쳤다. 마라는 귀국 후에도 생쥐처럼 지하실과 하수구에 숨어 살다가 치명적인 피부병에 걸렸다. 매독으로 인한 피부병 또한 마라의 몸을 일그러뜨리고 문드러지게 했다. 마라는 몸의 부스럼과 상처에서 오는 고통을 덜기 위해 자주 목욕을 해야 했다. 그런 와중에도 그는 종종 거리로 뛰쳐나와 광기어린 연설로 대중을 사로잡았다. 마라에게는 제도의 결함과 시행착오, 대중들의 어리석음과 불완전함에 대한 이해와 관용이 전혀 없었다.

이러한 마라의 광기어린 독설과 불관용은 불운을 자초하고 있었다. 어느 날 샬로트 코르데이(1768~1793)라는 처녀가 마라에게 "시민 동지, 저는 고향이 캉입니다. 고향에 대한 당신의 사랑을 보고 당신을 돕기로 결심했습니다. 그곳에서 일어나는 일을 겪어보고 싶습니다. 한 시간 뒤에 찾아뵙겠습니다"라는 내용의 편지를 보내왔다. 하지만 코르데이는 두 차례나 문전 박대를 당했다. 1793년 7월 13일, 코르데이가 세 번째 찾아갔을 때 목욕하던 마라는 옆방에서 자신을 만나려고 청원하는 코르데이의 목소리를 듣는다. 마라는 코르데이의 편지에 관심이 있기도 했지만 목소리에 더욱 호감을 느껴 면담을 허락했다. 코르데이는 들어가자마자 마라에게 접근해 머리수건 밑의 나이프를 꺼내 마라의 왼쪽 옆구리를 힘껏 찔

마라의 죽음과 코르데이

렸다. 50세의 마라는 목욕통 안에서 살해되었다.

산악파가 반대파를 누르고 득세하던 시기에 살해되었기 때문에 마라의 명성은 더욱 널리 퍼졌고 21개의 도시에서는 마라를 회상하며 존경하는 뜻으로 그의 초상화를 벽에 걸었다. 훗날 소련에서도 프랑스 혁명과 러시아 혁명의 연속성을 상징적으로 표현하기 위해 소련해군 최초의 전함에 마라의 이름을 붙였다.

그렇다면 마라를 살해한 코르데이는 누구인가? 코르데이는 노르망디 출신으로 루이 14세 시대의 3대 극작가 중 하나인 코르네이유의 증손녀다. 코르데이는 바스노르망디 지방의 캉에 있는 한 수녀원에서 교육을 받았다. 코르데이는 왕당파를 지지했으나 일찍이 볼테르, 레이날 신부, 플루타르크 등의 저서를 많이 읽었으며 의협심이 강했다. 1793년 5월 31일부터 6월 2일에 일어난 봉기로 지롱드파가 몰락하고 캉이 국민공회에 대항하는 연방주의자들의 본거지가 되었을 때 코르데이는 지롱드파 망명객에게서 영향을 받았다. 지롱드파를 위해 일하고자 파리로 간 그녀는, 당시 마라가 발행하는 신문이 대중에 미치는 영향력을 생각하고 마라를 표적으로 삼은 것이다.

재판관이 코르데이에게 마라를 살인한 이유에 대해 묻자 그녀는 "나는 10만 명의 프랑스인을 살리려고 마라를 살해했다"고 자백했다. 변호사 라가르드Chauveau-Lagarde는 코르데이를 정신질환자로 변호하려 했지만 코르데이는 조금도 흐트러지지 않는 자세로 단두대에 올랐다. 당시 그녀의 나이 25세였다.

단두대에 오르는 코르데이의 평화로운 모습을 본 어느 독일인은 "천사와 같다"는 찬사를 했다. 시인 라마르틴도 그녀를 "암살의 천사"라고 표현하면서 폭력과 미덕을 동시에 찬양했다. 지롱드파의 베르니오는 "코르데이는 우리 곁을 떠났지만 우리에게 어떻게 죽어야 할지 가르쳐 주었다"고 말했다.

코르데이는 스스로 단두대의 칼날 밑에 머리를 들이밀었다. 사형집행인은 피가 흐르는 코르데이의 머리를 군중들에게 보였다. 아직도 미소를 머금고 있는 코르데이의 얼굴에 사형집행인이 따귀를 때리자 군중은 분노해 야유했다. 아무리 피에 굶주린 분위기라고 하지만 처형인의 야비한 행위를 군중이 용서하지 않은 것이다. 프랑스 혁명은 수많은 혁명의 적을 처단했지만 인격을 모독하는 행위는 용서받지 못했으므로 그 사형집행인은 결국 처벌을 받았다.

로베스피에르 - 자유와 인민의 벗? 공포정치의 대명사?

로베스피에르(1758~1794)에게는 '흡혈귀' '냉혈동물' '야심가' '독재자' 등의 지독한 악명과 함께 '민주주의자' '자유와 인민의 벗' '불행한 사람과 빈곤한 사람의 옹호자' 등의 찬사가 붙어 다닌다. 혁명 초기의 활동은 지극히 미약했으나, 점차 그는 자코뱅 클럽과 국민공회에서 주도권을 잡았고 루이 16세를 단두대에 보낼 정도의 영향력을 가지고 있었다.

로베스피에르와 루이 16세의 인연은 그가 600프랑의 장학

금을 받아가며 루이 르 그랑에서 우수한 학생으로 공부하고 있을 때 시작되었다. 랭스 교회에서 축성을 받고 대관식을 올린 루이 16세는 1년 뒤 파리로 돌아와 노트르담 대성당을 출발해 생트 즈느비에브 교회로 향하다가 루이 르 그랑 앞에서 행렬을 멈추었다. 바로 그때 억수같이 퍼붓는 빗속에서 땅바닥에 무릎을 꿇은 채 루이 16세에 대한 환영사를 읽은 학생이 바로 로베스피에르였다. 그는 17세였고 왕은 그보다 네 살 위였다. 왕은 학생대표인 그의 축사에 단 한 마디의 말도 하지 않은 채 무정하게 떠났다. 이 비정한 추억이 훗날 루이 16세가 단두대로 가는 길을 재촉하는 데 얼마나 작용했는지는 알 수 없다.

1789년 로베스피에르는 고향 아라스에서 제3신분 대표의원으로 당선되어 4월 26일 파리로 출발하기 전날 밤「장 자크 루소의 망혼에게 드리는 막시밀리앙 로베스피에르의 헌사」를 썼다.

> 숭고하신 분! 당신께서는 내가 나를 알게 해주었습니다. 일찍이 당신께서는 내 본질의 존엄성을 알게 하셨고, 사회질서의 대원리를 생각하게 하셨습니다. (중략) 온갖 고난으로 내 생애가 조숙한 운명으로 희생되더라도 나는 당신처럼 인민의 권익을 위해 일하고 싶습니다.[13]

학창시절 로베스피에르는 비록 찢어진 옷을 걸치고 해진

신발을 신고 다녔을지라도 부지런하고 재능이 있어 카미유 데물랭 등 다른 학생들보다 돋보였다. 어떤 교사는 로베스피에르를 '로마인'이라고 불렀다. 열다섯 살 위인 마라나 아홉 살 아래인 생쥐스트와 마찬가지로 그가 추종한 인물은 루소였다. 로베스피에르는 이미 프랑스 혁명의 '바이블'이 될 루소의 『사회계약론』을 비롯한 계몽사상가들의 책을 많이 읽었다. 또한 자코뱅 시대에 그는 루소의 초상을 내걸고 루소의 시민종교에 따라 다비드의 계획으로 국가적 차원의 "최고 존재의 축제"를 개최했을 뿐만 아니라 루소의 사회계약론과 일반의지론에 따라 혁명을 추진했다.

그러나 혁명 초기에 로베스피에르는 라파예트, 미라보, 바이이의 그늘에 묻혀 의회에서 두각을 나타내지 못했다. 그는 마흔다섯 번째로 테니스코트 서약을 했고, 네케르에게 우호적이었으나 마음속으로는 루이 왕정을 향한 충성을 다짐하고 있었다. 바스티유 감옥이 함락될 때에도 그는 의원들과 함께 베르사유에 있었기 때문에 혁명에 있어 어떤 역할도 하지 못했다. 8월 26일에 발표된 「인간과 시민의 권리 선언」을 위해 로베스피에르가 제안한 내용들은 대부분 거부당했으며, 제헌국민의회에서도 약 200건의 제안을 했지만 미라보나 당통만큼 목소리가 크지 못했다. 로베스피에르는 의회보다 민중을 대상으로 공론에 호소하는 방법을 동원했으나 성난 군중이 10월 5~6일에 루이 16세를 베르사유에서 파리로 데려오는 데도 별다른 역할을 하지 못했다.

이러한 로베스피에르가 힘을 얻은 곳은 자코뱅 클럽이었다. 자코뱅 클럽은 1789년 10월 19일에 제헌국민의회가 왕을 따라 파리로 이동했을 때 창설된 '헌정동지회'의 핵심인물들이 주동해 생토노레 가의 자코뱅 수도원에서 결성된 클럽이다. 그러나 오랫동안 이 클럽은 '능동시민'만 가입할 수 있었고 상퀼로트는 배제되었다. 따라서 자코뱅 클럽은 국민공회를 주도하던 자코뱅과는 달랐다.

1790년에 로베스피에르는 자코뱅 클럽에서 카미유 데물랭 등과 함께 "자유·평등·우애 아니면 죽음!"이라고 외쳤는데, 이것은 1848년에 공식적으로 혁명의 구호로 채택되었다.14) 로베스피에르가 힘을 얻기 시작한 것은 1790년 3월 31일에 자코뱅 클럽의 4월 의장으로 선출되면서부터이다. 원래 의장직에 뜻이 있었던 사람은 라파예트였으나 '삼두파'와 미라보가 로베스피에르를 밀어준 것이다.

로베스피에르는 루이 16세의 바렌 탈출 사건을 보면서 다음과 같은 의견을 자코뱅 클럽에서 발표한다. 첫째, 민중에게 호소하고 민중의 힘을 신뢰한다. 둘째, 왕과 공범자들에 대한 심리와 처벌을 요구한다. 셋째, 제헌국민의회의 배신자들을 제거할 선거를 빨리 실시한다.

자코뱅 클럽의 다수파는 루이 16세의 퇴위와 루이 17세의 즉위 그리고 오를레앙이 지배하는 섭정의회로 기울었다. 그러나 로베스피에르는 국왕의 퇴위를 요구하는 샹드마르스 시위 전날이었던 1791년 7월 16일을 비롯하여 1792년 8월 10일에 일어난 민중봉기, 1793년 5월 31일에 벌어진 지롱드파의 의회 추방에도 별로 신경을 쓰지 않았다.

로베스피에르는 겨우 생탕투안과 생마르소 지역의 상퀼로트들이 브레스트와 마르세유 연맹군들과 결속하여 1792년 7월 17일에 의회에 제출할 진정서를 작성해 주었을 뿐이다. 진정서는 라파예트에 대한 기소명령, 군대특권층 참모부 해임, 83개 도 가운데 30개나 되는 반혁명 도의 집행부 해체 등 3가지 내용이었다. 로베스피에르는 8월 10일의 봉기 현장에 나타나지 않으면서도 혁명을 장악하는 힘을 얻었다. 봉기 후 그는 피크 구의 봉기 코뮌 대표로 지명되었다. 로베스피에르는 코뮌 대표단의 단장이 되어 국민공회에 참석했다. 국민공회는 프랑스 역사상 최초로 혁명재판소를 설치했다. 구의 선거인들이 판사를 지명했는데 로베스피에르가 1순위로 선출되었고 재판소장 직을 부여받았다. 그러나 그는 대표단 단장과 재판소장을 겸할 수 없다고 사양해 재판소를 무기력하게 방치했다.

로베스피에르는 어떻게 공포정치의 상징이 되었나? 국민공회가 구성되고 1793년 1월 21일 루이 16세를 단두대에서 처형했어도 혁명이 계속 위기에 처하자 4월 6일에 공안위원회가 각료들을 제치고 행정부 역할을 맡게 되었다. 그해 10월까지는 당통과 그의 추종자들이, 그리고 그 이후에는 로베스피에르가 주도권을 잡았다. 루이 블랑이 지적했듯이 로베스피에르는 민중이 혁명의 심장이며 팔이지만 산악파 부르주아지가 혁명의 두뇌여야 한다고 생각했다. 로베스피에르는 생쥐스트가 제안한 방토즈 법령(1794)을 통과시키고 프레리알법을 만들어 소송절차를 생략하고 혐의자들을 처형함으로써 공포정치에 돌입했다. 루베Louvert의 말처럼 로베스피에르는 가장 순수하고 가장 훌륭한 애국자들을 비방했다. 그는 국민투표를 방해했다. 그는 끊임없이 자신을 숭배의 대상으로 만들었고, 파리 의회를 전제적으로 지배했다. 그는 명백히 최고 권력을 향해 나갔다.15)

그러나 2개월 정도 나타나지 않던 로베스피에르는 1794년 7월 26일(테르미도르 8일) 의회연단에 올라가 자신의 덕을 찬양하고 자신의 개혁계획에 반대의사를 표명한 모든 사람을 '인민의 적'으로 지적하면서도 이름을 밝히기를 거부하다가 고발되었다. 그는 "내려가라! 내려가라!"는 의원들의 고함과 함께 국방위원 바래르와 테르미도르파에게 고발당해 7월 28일에 처형되었다. 미슐레는 자신의 저서 『폭군』에서 로베스피에르를 잘못된 종교정책과 폭군적 야망을 지닌, 시대에 역행한 인물로 비난했다. 블랑키Blanqui도 로베스피에르를 '쓸모없고 잔인한 권력자'로 평가하고 에베르를 '서민의 영원한 자랑거리'로 추켜세웠다. 자유주의자이자 유물론자인 텐

로베스피에르의 죽음과 공포정치의 종료

느는 『현대 프랑스의 기원』에서 그를 고전적 정신의 조생아, 낙제생으로 격하하는 동시에 혁명적 현상을 타락한 소수의 자코뱅의 기도로 평가절하 했다.

당통 – 혁명의 중재자? 타락한 반역자?

당통(1759~1794)은 랭스에서 법학을 공부한 뒤 1787년부터 4년 동안 국왕참사회(Conseil du roi)의 변호사로 일했다. 당통은 에베르와 함께 코르들리에 클럽을 결성하고 자코뱅 클럽에도 가입했으며, 루이 16세의 바렌 탈출 사건을 계기로 혁명 추진의 중심인물로 부각되었다. 당통은 왕정을 무너뜨리고 제1공화정을 세우는 데 주도적인 역할을 했고 공안위원회의 초대 위원장이 되었으나 성격 탓인지 공포정치를 반대했다. 당통은 혁명재판소의 전신인 특별재판소를 만들었으며 가장 무서운 왕당파들 중 한사람이었다.

청년시절 당통은 역사와 그리스·로마 시대의 철학에 심취했다. 그는 얼굴이 넓고 입도 컸으며 목소리는 인상에 걸맞게 우렁찼는데, 마치 피에 굶주렸다가 다시 이성적인 모습으로 되돌아오는 듯했다. 영어와 이탈리아어에도 능통했던 당통은 몽테스키외, 볼테르, 루소 등의 영향을 받은 박식한 혁명가였다.

당통은 입법국민의회가 파리의 '봉기 코뮌'에 밀리고 있을 때 종전의 지롱드파 각료 말고도 내무장관 롤랑Jean-Marie Roland, 재무장관 클라비에르 등과 함께 법무장관에 임명되었다. 그는 중·하층 부르주아 출신 228명으로 구성된 '봉기 코뮌'과 의회의 충돌이 심해지지 않도록 최선을 다했다. 지롱드당 측에서도 당통이 로베스피에르와의 적대관계를 조금은 완화시킬 것으로 기대했다. 그러나 상테르의 제의에 따라 스위스 용병 근위대원을 재판하는 군법회의가 설치되고, 그들을 아베이 감옥으로 호송하기 위해 선두에 서서 시위 군중 사이를 뚫고 나가려던 당통의 첫 시도는 성공하지 못했다. 행정위원회, 봉기 코뮌, 의회가 각각 독자적으로 정치적 기능을 수행하고 있는 상황에서 당통은 인민들이 다치는 것을 원치 않았기 때문이었다.

그런데 '봉기 코뮌'이 특별범죄재판소의 설치, 자유와 평등의 보장을 위한 선서를 더욱 효과적으로 이행하기 위해 로베스피에르를 의회에 대표로 파견하는 일을 추진했으므로 당통의 행정위원회는 사실상 실력을 발휘할 수 없었다. 자연 당통은 로베스피에르에게 밀리는 처지가 되고 있었다. 게다가 당통은 브르타뉴에서의 반란 계획을 셰브텔이 알려오자마자 그를 왕당파 지도자 라 루에리와 협상하도록 파견함으로써 '왕실 동조자' 혹은 '비밀 왕당파 요원'이라는 의심을 받았다.

749명의 국민공회의원 중 파리에서 24명이 선출되었는데, 당통은 701표 중 638표를 얻어 525표 중 338표를 얻은 로베스피에르보다 높은 비율로 당선되었다. 카미유 데물랭, 마라 등과 함께 정치적 핵심인물이었던 당통은 국민공회가 개회되기 며칠 전 먼저 브리소를 찾아가 화해와 타협을 시도했으나 휴전은 3일 정도밖에 지속되지 못했다. 따라서 롤랑과 그의 동지들은 의회에서 자신들이 차지하는 위치를 이용해 마라, 로베스피에르, 당통으로 구성된 삼두정치체제(Triumvir)를 분쇄하려 했다. 그러나 당통은 무엇보다도 인민들의 안전과 권익을 생각해 군대와 인민의 단합을 호소했다. 지롱드파인 타른Tarne현 출신 라수르스가 당통, 마라, 로베스피에르 등 산악파의 세 거두가 독재권을 준비한다고 맹공격을 했을 때조차도 당통은 프랑스 공화국을 위해 우호적인 협의를 해야 함을 강조했다.

그런데 당통은 자코뱅당의 의장에 선출됨으로써 정치적 기반이 더욱 확고해졌음에도 법무장관 시절 20만 리브르를 기밀비로 썼다는 것을 증명할 수 없어 공격을 당했다. 국민공회는 당통의 정직성을 의심해 '결산확인증' 수여를 거부했다. 더욱이 롤랑 부인을 비롯한 지롱드파는 당통이 학살을 명령했고, 왕실가구창고(Garde-Meuble)에서 훔친 보석들로 부자가 되었으며 장관 재임 시 공금을 횡령했다고 비난했다. 당통은 오브Aube도의 국유재산을 매입하고 파리와 근교에 저택을 세 개나 두고 호화롭게 살았을 뿐만 아니라 자신의 재량에 맡겨졌던 20만 리브르를 어떻게 썼는지에 대해 해명하지 못했다.

게다가 당통은 자코뱅 클럽 의장이 된 후 한 번도 회의에 나가지 않은 것이 문제가 되어 불신임을 받게 된다. 특히 당통은 샹파뉴 지방으로 진군한 프로이센군이 진흙 속을 행군하며 포도를 잘못 먹어 이질까지 걸린 불운한 상태였는데도 그들에게 치명적인 타격을 가하지 않았기 때문에 뒤무리에와 함께 이 일에 대한 책임을 추궁 당했다. 더구나 뒤무리에가 발미 전투의 영웅으로 환영을 받으러 파리에 왔을 때 당통은 자코뱅 의장 자격으로 그를 환영했으며 오페라에 함께 갔다. 당통과 뒤무리에가 처음부터 프로이센군을 섬멸할 생각이 없었다는 것이 드러난 것이다. 뷔히너의 말처럼 당통은 동료들이 혁명대책에 고심하고 있는데도 의도적으로 빠져나가 창부 마리옹과 놀았으며 자신에 대한 체포결정을 전해 듣고도 도주하지 않고 산보를 나가는 대담함을 보였다.

당통은 결국 산악파가 정권을 장악한 뒤 좌파인 에베르파에 대항해 부르주아에 대한 정책 완화를 주장하고 공포정치를 반대한데다가 동인도회사 청산위원회의 독직사건에 연루된 공범이자 반혁명의 핵심인물로 지목되어 1794년 4월 5일, 로베스피에르에 의해 단두대에서 처형되었다. 당시 그의 나이는 겨우 35세였다. 처형될 당시 당통은 "나는 오로지 이 나라를 위해서 살았다. 아침이면 나는 영광 속에 잠들어 있을 것이다"라고 했다고 한다. 그에 대해 라마르틴은 '타락한 반역자(카틸리나catiline)', 미네와 티에르는 '마피아의 보스' 또는 '유물론적 정치가', 미슐레는 '혁명의 화신', 루이 블랑은 '대혼란의 정치가'로 평가했다. 이폴리트 텐느는 당통은 잘 격분하며 도살자의 기질을 소유한 자라고 했다. 마티에 또한 로베스피에르와 브리소 사이에 양다리를 걸친 '음모가'이자 '기회주의자'이고, 권력 지향적인 부패한 정치가로 평가했다.

생쥐스트 - 죽음의 천사장? 자유의 수호자?

생쥐스트(1767~1794)는 열 살 때부터 8년 동안 수아송의 오라토리오학교에서 공부하면서 플라톤, 몽테스키외, 루소 등의 저서에 심취했다. 이후 랭스대학에서 법학을 전공한 그는 블레랑쿠르시의 행정법률고문으로 일했다. 1790년 8월 19일, 「로베스피에르에 대한 생쥐스트의 편지」를 통해 그는 "전제주의와 음모자들의 사나운 물결에 대항해 흔들리기 쉬운 약한 애국자를 보호하시는 각하를, 경탄할 만한 일들로 신처럼 알고 있을 수밖에 없습니다. 각하, 저는 슬픈 조국을 구하기 위해 저와 만나주시기를 각하께 간청하며 서신을 올립니다"라며 로베스피에르에게 만나주기를 간청했다.

1791년 9월 생쥐스트는 「프랑스 혁명과 헌법 정신」을 발표해 명성을 얻은 뒤 25세에 국민공회의원이 되었다. 그는 1792년 11월 13일에 "루이를 재판할 사람만이 공화국을 건설할 수 있다. 루이 16세는 군림하든가 아니면 죽어야 한다"라고 주장했다. 생쥐스트는 1793년 5월에 공안위원이 되면서 로베스피에르, 쿠통과 함께 3인방이 되어 혁명을 이끌었고 이후 이러한 관계는 무덤까지 이어졌다. 1793년에 국민공회의원으로 활약하면서부터 루소의 정치이념을 실현하고자 했던 그는 자코뱅의 힘을 형성하는 중소부르주아지 기능공과 소상인의 상징이 되었다.16) 그에게 있어 자유의 본질은 공격과 억압에 저항하는 것이기에 수동적이며, 공격하는 자유는 파멸이었다. 생쥐스트는 「프랑스를 위한 헌법」을 통해 "프랑스는 공화정이다. 공화국은 하나이고 불가분이다"라고 했다. 그리고 「프랑스 혁명과 헌법 정신」을 통해 그는 "공화국은 그 원리가 자유와 인민주권으로 되어 있다. 공화국은 비밀투표가 원칙이다"라는 것을 주장했다.

생쥐스트는 1793년 10월 10일에 공안위원회의 이름으로 국민공회에 제출한 「혁명정부에 대해」에서 반역자뿐만 아니라 혁명에 대해 무관심한 자도 처단해야 한다고 했다. 그는 루소가 말한 무사한 노예생활보다 위험한 자유를 택했다. 그리고 생쥐스트는 개인이 자유를 포기하는 것은 인간의 자격을, 인류의 권리를, 심지어는 인류의 의무를 포기하는 것으로 보고 포기하는 사람에게는 어떠한 보상도 있을 수 없다는 것을 정치생활의 신조로 삼았다. 그는 "자유권을 찬탈하는 자는 폭군이다"라고 하는 동시에 "만약 인민이 자유를 남용한다면 그 인민은 노예상태로 떨어진다"라고 했다.

생쥐스트는 당통을 겨냥해 지적하기를, 인민에게서 빼앗은 물건으로 포식하고 비대해졌으면서 인민을 모욕하고 범죄에 빠진 채 의기양양해 한다고 했다. 그러나 생쥐스트는 당통의 머리를 요구하지 않고 재산에 대한 해명만을 요구했다.

생쥐스트는 로베스피에르와 함께 공화국의 적으로 인정된 사람들의 재산을 몰수하는 법령을 가결시켰다. 그리고 방토즈 13일(1794년 3월 3일) 감시위원회가 작성한, 1789년 5월 1일 이후 정치적 혐의로 투옥된 30만 명의 명단을 설명서와 함께 치안위원회에 제출했다. 당통은 치안위원회의 힘을 이용해 생쥐스트를 '붉은 모자를 쓴 가짜 애국자'로 몰아 추방하려고 했지만 생쥐스트는 오히려 관용을 주장하는 데물랭, 들라크루아 등과 함께 당통을 1794년 4월 5일 처형했다. 미슐레는, 공화국을 건설한다는 명분으로 혁명의 적에게서 막대한 재산을 몰수하고 혁명의 적들을 탄압하며 공포정치와 혁명독재를 실시한 그를 가리켜 '죽음의 천사장'이라고 했다. 실제로 생쥐스트는 혁명재판소가 명령한 처형은 여러 왕정의 야만행위에 대한 미약한 행위에 지나지 않는다며 관용을 주장하는 사람을 모두 단두대에 보낼 것이라고 위협했다. 또한 그는 공포정치가 민주공화국을 수립하기 위한 필수조건이라며 시민의 마음에서 이기주의를 몰아낼 때까지 공포가 필요하다고 했다. 생쥐스트는 로베스피에르의 몰락과 함께 테르미도르 사건으로 7월 28일에 처형된 '죽음의 천사장'이자 '자유의 수호자'였다.

베르트랑 바래르 - 혁명의 중재자? 기요틴의 아나크레온?

베르트랑 바래르(1755~1841)에게는 '기요틴의 아나크레온(B.C. 6세기 그리스의 서정시인)' '기회주의자' '혁명의 고무자와 추진자' 등 다양한 이름이 붙어 있다.

20세에 변호사 자격을 얻은 그는 1777년부터 10년간 툴루즈 고등법원에서 변론하면서 '자선협회'를 조직해 세벤과 같은 산간 및 오지에 사는 가난하고 억울한 사람들에게 무료변

론을 하며 명성을 얻었다. 또한 그는 「루이 12세에 대한 찬사」(1782), 「조르주 당부아즈에 대한 찬사」(1785), 「샤를 드 스공다 바롱 드 라 브래드 에 몽테스키외에 대한 찬사」(1788) 등 일곱 편이나 아카데미 현상 논문에 응모해 몽토방, 툴루즈, 보르도 아카데미에서 수상했고, 1788년에는 마침내 툴루즈 문학회의 간부가 됨으로써 더더욱 유명해졌다.

바래르는 1789년에 타르브시의 제3신분 대표로 선출되면서 정계에 입문했다. 그는 4월 17일부터 발간한 「새벽신문」에 국민의회의 입법과 정치 의사록을 게재해 정가의 상황을 시민들에게 알렸다. 또한 그는 전국삼신분대표의회의 이름을 '국민의회'로 하자고 제의했고 혁명이 발발하자 헌법초안을 서두를 것을 촉구했다. 제헌국민의회 시대에 바래르는 국유지 봉건위원으로 일하면서 망명귀족의 재산복귀와 봉건영주권의 폐지를 주장하는 법안을 의회에 제출했으며, 종교에 대한 박해를 중단시키고, 국민 모두 프랑스 영토의 주인이라는 의식을 고취하고 하층민도 토지를 가질 수 있게 했다. 그러나 제헌국민의회 의원은 입법국민의회 의원이 될 수 없다는 규정에 따라 그는 고향에 내려가서 가사를 정리하고 전쟁기금 모금을 촉구하며 애국심을 고취했는데, 이것은 그가 다수의 표를 얻어 1792년 9월 21일 국민공회의원으로 당선되는 기반이 되었다.

바래르는 루이 16세의 바렌 탈출사건 이후 왕에 대한 충성심을 버리고 열렬한 공화주의자가 되었다. 국민공회 시대에 600회 정도의 연설과 보고서를 의회에 제출했던 바래르는,

1792년 12월 1일 310명의 투표자 중 219표나 얻어 제4대 국민공회 의장에 피선되는 행운을 얻었다. 그것은 바래르의 능력이 낳은 결과라기보다는 파벌적이며 혼란한 정국에서 중도적인 사람에게 15일 정도 남은 회기를 맡긴다는 분위기가 만들어 준 선물이었으나 테르미도르 사건을 주도할 때까지 바래르는 혁명의 주체세력이 되었다. 의장으로서 그는 생쥐스트, 장 봉 생탕드레를 국민공회의 사무처장으로 임명했다.

바래르가 혁명의 실세로 등장한 것은 최다득표 9인으로 구성된 제1차 공안위원이 되면서부터이다. 그리고 그는 192표라는 최다득표로 장 봉 생탕드레와 함께 12명으로 구성된 제2차 공안위원이 되면서 혁명의 주역이 되었다. 그는 1793년 1월 10일과 11일 탕플성에 감금된 루이 16세를 국민공회의 이름으로 42번이나 대면해 질문했다. 바래르의 첫 심문은 "루이, 독재를 수립하기 위해 자유를 파괴함으로써 수많은 범죄를 저지른 당신을 프랑스 인민이 고발합니다. 당신은 전국삼신분대표의회의 회의를 저지했으며 국왕회의에서 국민에게 법을 강행하고 무장한 수비대를 배치했습니다. 이의 있습니까?"였다. 바래르는 국민주권을 근거로 인민의 소집이나 유예 없이 왕의 사형을 투표로 가결하게 했다. 또한 그는 로베스피에르의 고발과 함께 군사상황을 보고하면서 의회를 주도했고, 테르미도르 9일에 로베스피에르, 생쥐스트, 쿠통의 삼두체제의 막을 내렸다.

그러나 바래르는 메를랭, 르장드르 등에게 집중공격을 받아

1795년 4월 1일 국민공회에서 비오 바렌, 콜로 데르부아 등과 함께 '로베스피에르의 꼬리'로 재판 없이 유배형을 받았다. 하지만 그는 복역하던 생트 감옥에서 탈출해 은신하던 중 1799년 11월 9일 나폴레옹의 집권과 함께 복권되었다. 그리고 그는 나폴레옹을 4차례나 만나면서 영국의 그랜빌 경에 대항해 나폴레옹을 옹호하는 답변 작성, 군을 위한 신문 제작, 영국의 이버노이스 경에 대한 반박문 작성 등을 제의받았다. 바래르는 군을 위한 신문발간 청은 거절했지만 1803년 9월 26일에서 1805년 3월 20일까지 자비로 「반영신문」을 발간해 영국에 대항해 프랑스와 프랑스 국민의 명예를 지키고 나폴레옹을 옹호하기도 했다.

바래르는 이후 부르봉가의 복귀, 1830년에 일어난 새로운 민중운동, 루이 필리프의 통치 등을 지켜본 프랑스 혁명의 산 증인이다. 바래르는 추방령이 해제된 뒤 파기원의 옛 판사로서 법무부장관에게서 소액의 연금과, 문인으로서 내무부장관에게서 구호금을 받았고 그 뒤 루이 필리프에게서는 매년 1000프랑의 특별 내탕금을 받았다.[17] 동지들이 죽어나가는 살육의 현장에서 교묘하게 살아남지 못했더라면 그에게 '기회주의자'라는 별명이 붙지는 않았을 것이다.

사실 바래르는 로베스피에르의 처형을 주도했지만 다음에서 보듯 얼마간 후회하는 모습을 드러낸다.

나는 테르미도르 이후 로베스피에르를 생각해 보았다. 로베스피에르가 골몰한 것은 공화정부의 수립이고 그가 공격한 것은 이를 저지하려는 사람들이었다는 것을 깨달았다. 우리는 그 사람을 이해하지 못한 것이다.

그리고 다비드가 당통의 흉상을 상의했을 때 바래르는 "로베스피에르를 잊지 마라! 그 사람은 순수하고 완전하며 진정한 공화주의자였다. 로베스피에르를 몰락시킨 것은 그 자신의 오기와 잘 노하는 그의 감수성과 동료에 대한 부당한 도전이었다. 로베스피에르의 몰락은 공화국의 큰 불행이다"[18)]라며 애석한 마음을 토로했다. 의회가 로베스피에르의 진의를 조금만 더 이해했다면 테르미도르 사건은 일어나지 않았을 것이고, 바래르에게는 '기요틴의 아나크레온'이라는 별명도 붙지 않았을 것이다.

혁명의 희생자들

 자유·평등·우애(형제애)를 실현하는 역사의 현장은 공포와 피비린내 나는 도살장을 방불케 했다. 처형당해 마땅한 사람들도 있었지만, 많은 경우 혁명을 추진한다는 명분이나 지휘자의 오판, 증오심 등으로 무고한 사람들이 많이 처형되었다. 마치 독일에서 600만의 유대인들이 특별한 이유도 없이 학살당한 것처럼 말이다. 그리고 처형당한 사람들의 태도 역시 천태만상이었다. 왕비 마리 앙투아네트는 반혁명의 흉악한 혐의를 받는 3일 동안의 심문에도 담대한 모습을 보여 상대를 감탄시켰다. 마리 앙투아네트는 자신을 태우고 갈 초라한 수레에만 분을 삭이기 조금 힘든 모습을 보였을 뿐 단두대에 오르면서도 왕비답게 품위를 지켜 군중들이 고개를 숙이게 했다.

그런가 하면 18세의 창녀 에글레는 유머와 재치로 사형집행인들을 훈계하고 처형장에 들어갈 때는 마치 결혼식장에 들어가듯 즐거운 표정으로 사뿐히 걸어갔다. 에글레의 죄목은 혁명을 못마땅하게 생각하고 비방한 것이다. 에글레가 길거리에서 혁명에 대한 자신의 생각을 서슴없이 털어놓자 경찰이 함께 있던 창녀와 함께 혁명재판소로 보냈다.

혁명재판소 검사인 쇼메트는 두 창녀를 왕비와 함께 단두대로 보내려는 악독한 계획을 세웠으나 실현되지 않았다. 얌전히만 있었더라면 에글레와 함께 잡혀온 창녀는 자신의 목숨을 구할 수 있었을 텐데 혁명재판소에서도 소란을 피워 왕비와 함께 음모를 꾸몄다는 죄가 추가되었다. 그녀는 길거리에서 혁명을 비방한 말, 왕에 대한 충성 등을 모두 시인했으나 왕비와 같은 행동을 했느냐는 물음에는 가냘픈 어깨를 쳐들고 단호하게 재판관을 나무랐다.

"그래요, 정말 근사하군요. 멍청이 같은 당신들이 내가 왕비와 같은 행동을 했다고 하니 참 똑똑하게 보이네요. 나는 길거리에서 돈이나 버는 볼품없는 인간인데 그렇게 보아주니 고맙군요. 왕비의 요리사 조수한테도 말 한마디 걸지도 못할 주제의 계집아이에 지나지 않거든요. 당신들처럼 무위도식하는 천치 같은 패거리가 무엇을 알겠습니까!"

배심원 중 몇 사람은 그녀가 에글레의 목숨을 구하려 취중에 저지른 일이라고 변호했다. 그러나 그녀는 술 취한 것은 자신이 아니라 배심원들이라며 모든 변호를 거부한 채 왕실을 옹호했다. 재판관이 그녀에게 사형을 선고하며 모든 재산을 몰수한다고 선언하자 그녀는 갑자기 고함을 지르며 말했다.

"잠깐! 이 도둑놈아, 그런 판결이 나올 거라고 내 이미 짐작했지! 그렇지만 내 물건에 나만큼 애착이 있는 사람은 없을 걸! 그 물건은 네놈들이 게걸스럽게 먹어치우지 못할 거야!"

그녀는 처형장으로 가는 수레에 마치 결혼식장에라도 가듯 깡충 뛰어 올라탔다. 단두대에 오르는 그녀의 걸음 역시 가벼웠다.

처형될 때 모습이 어떤 모습이었든 이들은 모두 프랑스 혁명이 일어나지 않았으면 죽지 않았을 사람들이었다. 정말 무모하고 어처구니없게 죽은 경우를 보면, 첫째로 바스티유의 학살에서 살해된 100여명의 군중을 들 수 있다. 카미유 데물랭의 선동으로 동원된 군중은 상이군인회관에서 탈취한 3만 2000정의 총을 들고 바스티유로 향했다. 바스티유에는 비록 7명의 광인과 방탕자가 수감되어 있었지만 100여 명의 노병과 스위스 병사들이 지키고 있었다. 사령관 로네가 군중들에게 무기를 양도하라고 했지만 듣지 않아 발포명령이 내려졌고 100명 정도의 사상자가 발생했다. 분노한 군중들은 바스티유를 함락했고 수비대장 로네를 끌어내어 죽인 다음 그의 목을 창끝에 달았고, 이어서 파리 시장의 목을 잘라 창끝에 달아 시내를 돌아다니는 참담한 일을 했다.

둘째, 1791년 7월 17일 샹드마르스 학살이다. 6월 21일, 루이 16세의 바렌 탈출은 국왕에 대한 적대적 분위기와 공화정 수립에 대한 의견을 고조시켰다. 의회가 왕권을 중지시켰으나 의회는 분열되어 특권파와 온건파가 '국왕이 유괴 당했다'는 헛소문을 퍼트렸다. 7월 15일에 루이 16세가 권한을 되찾자 코르들리에 클럽이 파리 시민들을 샹드마르스 광장에 불러들여 루이 16세의 폐위와 재판을 요구하는 서명운동을 벌였다. 이에 놀란 의회가 계엄령을 선포하고 국민방위대장 라파예트가 발포명령을 내려 50-100명을 무참히 학살하는 만행을 저질렀다. 이로써 라파예트는 '자유의 투사'에서 '샹드마르스의 학살자'라는 악명을 지니게 되었다.

셋째, 1792년 9월 2일, 파리와 국경 사이에 있는 최후의 요새지 베르됭이 함락되자 파리 코뮌은 시민들에게 '무기를 들라'는 격문을 발표했다. 그리고 투옥된 혐의자들이 봉기할 것이 두려워 흥분한 민중들이 파리 감옥을 기습해 1100-1400명의 죄인들을 즉결 처형하는, 9월 학살이라고 하는 끔찍한 일을 저질렀다. 학살된 사람 중 4분의 3이 일반법 위반자였고 선서거부신부는 270명이었다. 당시 당통은 이 사건을 묵인했고, 로베스피에르는 '살인마'처럼 "그 정도의 대가없이 전제주의의 굴레에서 벗어날 수 없다"고 했다. 죄도 없는 사람들을

공포정치의 상징인 단두대

정식재판도 없이 집단학살하는 것을 묵인하거나 당연한 것으로 인정하는 이들의 처사는 다분히 정치적인 것이었다.

넷째, 공식적인 거래에서 아씨냐의 지불을 거부하는 자에게도 사형이 선고되었다. 1793년 9월까지 혁명재판소는 소환된 260명 가운데 66명, 1793년 마지막 3개월 동안에는 395명의 기소자 중 177명을 사형에 처했다.

그리고 12월에 파리에서 체포된 반혁명 혐의자는 4525명으로 프랑스 전체로는 30만 이상이었다. 특히 악명 높은 파리의 검사 푸키에 탱빌은 왕비 마리 앙투아네트, 오를레앙 공작, 뒤바리 부인을 10월에, 지롱드파 지도자들을 11월에 처형했다. 대부분 단두대에서 처형되었지만 리옹에서는 총살형, 낭트에서는 익사형이 내려지기도 했다.

다섯째, 방데 지방의 주민학살이다. 베긴교단의 수녀(béguine)와 여성복자(béate)등을 포함한 반혁명주의자와 왕당파들이 참여한 방데 반란이 일어나자 1793년 8월 1일, 국민공회는 방데 지방을 파괴하도록 명했고 왕당파 군대는 12월 23일에 전멸되었다.

튀로 장군이 조직한 '지옥의 부대'는 혁명정부의 동의를 얻어 방데 지방을 수색하는 가운데 마을과 곡식을 불태우며 주민을 학살했다. 아이들도, 부녀자도, 심지어 젖먹이도 살해당했다. 혁명군은 방데 사람들을 '비적 떼'로 간주했다. 여자들은 임산부이건 아니건 '생식의 밭고랑'이라 하여 학살당했다. 심지어 이 지역 출신인 공화국의 군인조차 학살당했다. 약 18%의 주거지가 파괴되었고 반란지역 인구의 30%인 25만 명을 학살한 만행이 저질러졌다.

여섯째, 1794년에 로베스피에르의 암살기도 사건으로 공포정치가 강화되면서 처형된 사람과 테르미도르 사건으로 처형된 사람들이다. 처형된 사람들은 1794년 6~7월, 파리에서 약 1300명, 같은 해 낭트에서 3000명으로 추산된다. 또한 테르미도르 사건으로 로베스피에르, 생쥐스트 등 107명이 3일 동안 단두대에서 처형되었다.

1795년 7월까지 처형된 사람은 모두 4-5만 명이나 되었고, 13-15만 명은 조국을 떠나 다른 나라로 도피했다. 이 시대는 말 그대로 공포와 처참한 희생의 시대였다. 특히 혁명군은 서부, 남부, 론강 지역 등을 강타하며 혐의자들을 처형했다. 이들 중 부르주아가 25%, 농민이 28%, 상퀼로트가 31%, 귀족이 8%, 성직자가 7% 정도인 것으로 보아 희생자는 주로 농민과 노동자였으니 누구를 위한 혁명이었으며, 정확한 죄목이 무엇이었는지 의문이다. 공포정치 말기에 처형당한 사람은 달마다 50%씩 증가했다. 1793년부터 1796년 사이에 약 17만 명이 희생되었고, 대외전쟁으로 약 100만 명이 죽었다. 나폴레옹 전쟁으로 100만 명이 전사한 것을 보면 프랑스 혁명은 살육과 공포의 역사라고 해도 과언이 아닐 것이다. 이처럼 무분별한 처형과 무자비한 폭력은 정말 인류사회의 악이다. 그러나 로베스피에르나 생쥐스트 등은 그것을 '필요악'으로 생각했다. 알베르 소불의 말처럼 피와 눈물에 대한 책임은 정의를 위해 투쟁한 자들이 아닌 탄압과 폭력을 위해 무장한 자들에게 돌려야 할 것이다. 재판도 없이, 변호인도 없이 일방적으로 억울하게 살해된 이들의 넋이 과연 오늘날에도 이어지는 7월 14일의 기념행사로 위로받을 수 있을 것인지 궁금할 뿐이다.

혁명으로 부활한 위인들

축제를 통해 부활한 위인들

혁명축제는 7월 14일을 기념하는 '연맹제'와 그 밖의 축제로 구분할 수 있다. '연맹제'는 1790년 샹드마르스에서 혁명 1주년 기념행사를 시작으로 해마다 계속되었다. 그 밖의 축제로는 1791년 9월 18일에 루이 16세의 헌법 수용을 기념하는 샹드마르스의 축제, 1792년 4월 15일에 낭시에서 반란 이후 갤리선의 노예로 있다가 해방된 샤토비외의 스위스 연대를 기념하는 '자유의 축제'(또는 '샤토비외 축제'), 같은 해 6월 3일 곡물공정 가격제를 거절한 이유로 군중에게 암살된 에탕프의 시장 시모노J.C.Simonneau를 기념하는 '법의 축제'가 있다. 그리고

1793년 8월 10일에는 1792년 8월 10일 죽은 애국주의자들을 기리는 '화합의 축제' 또는 '통합과 불가분의 축제', 같은 해 11월 10일에 노트르담에서 거행된 '자유와 이성의 축제'가 있다. 1794년 6월 8일에는 로베스피에르에 의해 샹드마르스에서 '최고 존재의 축제', 10월 21일 사관학교 생도들에 의해 샹드마르스에서 거행된 '승리의 축제'가 있다.

우리는 이들 축제를 통해 혁명가와 계몽사상가들이 부활한 것을 볼 수 있다. 다비드가 기획해 상퀼로트 등 급진적 애국주의자들이 주동이 되었던 샤토비외 축제를 보자. 축제는 두 쪽의 대리석에 새겨진 「인간과 시민의 권리 선언」을 어깨에 짊어진 4명의 선두행렬로 시작되었다. 사람들은 큰 소리로 "인간은 자유롭고 평등하게 태어났으므로 자유롭고 평등하게 살아야 한다"고 외쳤다. 그 다음은 볼테르, 루소, 시드니, 프랭클린 등 4개의 흉상과 낭시의 학살을 상징하는 2개의 석관이 따랐다.

4개의 흉상 중 첫 번째는 성직자들을 희생시켜 우리들을 웃게 만든 '간사한' 볼테르이고, 두 번째는 근심스런 표정을 한 루소가 있었다. 루소는 여전히 귀족들을 좋아하지 않고, 그들에게 강제당하기를 결코 원하지 않는 표정이었다. 세 번째 흉상은 왕 앞에 무릎 꿇지 않고 단두대에 자신의 목을 던진 영국의 시드니이고, 마지막에는 세상에 자유인이라고 말할 수 있는 프랭클린이 자리 잡았다. 행렬에는 갤리선의 노예를 상징하는 사슬을 든 흰옷 입은 청년들과 40명의 샤토비외의 스위스 군인들이 따랐다. 사람들은 이들 행렬 사이에서 춤을 추며 '사 이라ça ira'를 불러댔다. 루소, 볼테르, 시드니, 프랭클린이 자유와 평등의 상징으로 부활한 것이다.

캥시의 기획으로 정부당국이 주도했던 시모노의 축제는, '왕과 질서의 순교자'로서 시모노를 추모한다는 뜻에서 '법의 축제'라고도 했다. 이 축제의 기본적 주제는 진정 자유로운 사람은 법과 평등에 복종하는 사람이라는 것이다. 따라서 축제의 행렬은 헌병대, 지구의 관리, 군인, 국민방위대, 법률책을 실은 수레, 시모노의 흉상, 시의 행정관리, 공회의원 등으로 이어졌다.

이들 혁명축제에 등장한 위인들 중 루소는 자코뱅이 집권한 국민공회 시대의 로베스피에르에 의해 다시 부활했다. 알베르 마티에의 말처럼 국민공회는 쇼메트의 처형 직후인 제르미날 25일(1794년 4월 14일)에 「사부아르 보좌신부의 신앙고백」의 저자인 루소의 유해를 팡테옹에 옮기라고 명령했다. 로베스피에르가 국민공회를 설득해 프랑스 공공의 종교원리로서 「사부아르 보좌신부의 신앙고백」을 채택한 것이다. 그는 1794년 5월에 루소를 추도하면서 '최고 존재'의 축제를 거행했다. 그는 에베르와 그 일파들을 무신론자들로 몰아 단두대로

루소와 혁명의 대축제

보내면서 그 자신은 루소의 충고를 따르고 있다고 생각했다.
5월 7일 로베스피에르는 국민공회에 '10일 축제' 법령을 제출하면서 다음과 같은 감동적인 연설을 했다.

> "모든 성직계급의 종말이 다가오고 있습니다. '최고 존재와 자연'에 대한 순수하고 단일화된 예배로 모든 프랑스인이 복귀할 것입니다."

로베스피에르는 루소를 내세워 혁명의 성공을 위한 화합과 단결의 축제행사를 크게 벌였다. 로베스피에르는 1794년 6월 8일에 튈르리궁에서 교황처럼 화려한 옷을 입고 '최고 존재의 축제'를 주관했다. 그는 볼테르보다는 루소를 더 가까이 생각하고 있었다. 로베스피에르가 믿음에서 원한 것은 설명을 해야 이해할 수 있는 오묘한 것보다 순수하고 감동적인 것이었다. 로베스피에르는 국민공회에서 루소의 논문내용을 근거로 '최고 존재'와 '영혼불멸'을 내세웠다. 노만 햄슨의 말과 같이 로베스피에르는 종교의식에서 신성한 계약, 조국의 제단, 신성한 자유의 나무 등 루소가 『사회계약론』의 마지막 장에서 주창한 것과 같은 시민종교의 형태를 채택했다.[19] 로베스피에르는 각 시민이 자신의 의무를 사랑하게 하는 종교를 가진다는 것은 국가에 대단히 중요한 것이라고 했다. 레비 미르프와에 따르면, 로베스피에르는 아라스 지방의 제3신분 대표로서 파리에 올라와 생토노레가에 자리잡은 조그만 집에 혼자 살고 있을 때도, 집주인 뒤플래의 가족과 루소에 대한 이야기를 자주했다. 자코뱅당원인 집주인의 식탁에 초대된 그는 루소의 『에밀』에 대해 논평하고, 그것을 목수의 아이들에게 설명해 주곤 했다. 마치 마을의 마음씨 좋은 신부가 자신의 본당 주민들에게 복음을 설명하는 것처럼 말이다.[20]

듀란트의 말과 같이 1793년 볼테르와 루소의 유산들은 에베르와 로베스피에르 사이에 벌어진 논쟁에서 결정되었다. 파리 코뮌의 지도자인 에베르는 볼테르의 합리주의를 신봉해 교회의 신성모독을 고무시켰으며 '이성의 신'에 대한 공적 숭배를 주장했다. 그에 반해 파리의 계몽사상가들 중 루소의 일반의지 및 사회계약론에 감동받았던 로베스피에르는, 이미 아라스에서 파리로 떠나기 전날 밤 「장 자크 루소의 망혼에게 드리는 막시밀리앙 로베스피에르의 헌사」(1789)에서 루소를 '숭고한 사람!'이라고 불렀으며, 집권하자마자 프랑스 혁명의 정신적 지주로 추앙한 것이다.[21]

프랑스 혁명에 대한 기념과 기억

프랑스의 거리들 대부분에는 주르당가, 몽테스키외가, 프랭클린가 등 역사를 빛내고 인류를 풍요롭게 한 사람들의 이름이 붙여있다. 1791년 5월 4일 혁명의회에서는 '거리에 대한 새로운 호칭' 문제를 토론했는데, 『프랑스 혁명의회사』에 따르면 '라 쇼세 당탱La Chaussée d'Antin'이 '미라보 거리'로 변경되면서 혁명가들의 이름이 거리의 이름으로 나붙기 시작했다.

혁명가들의 이름을 거리명으로 붙이려 했을 때 의원들 모두 공감했던 인물은 볼테르와 루소였다. 의회는 테아랭Théalins의 이름으로 불리고 있던 부두에는 볼테르의 이름을, 플라트리에르가(rue Plâtrière)에는 루소의 이름을 바꿔 붙여 후세에 남기도록 결정했다.

의원들은, 거리명으로 선정되는 인물이 인민의 존경을 얼마나 받고 있는가도 중요했지만, 그보다는 혁명정부의 이념을 얼마나 정확히, 그리고 얼마나 크게 구현해 주는가에 더 큰 주안점을 두었다. 그리고 거리명 변경이 독단적으로 결정되지 못하도록 하기 위해 청원경찰서장들(commissaires de police invités)로 하여금 그것을 감독하게 했다. 이처럼 공정한 평가를 거치고 나서야 몽마르트 언덕이 '몽 마라Mont Marat'로 변경되는 등 프랑스의 많은 지역과 거리가 혁명 관련 인물들의 이름으로 바뀌어 오늘에 이르고 있다.

혁명을 기억하고 기념하는 작업은 동상건립으로도 나타났다. 생쥐스트는 「프랑스 혁명과 헌법 정신」(1791)에서 "모든 곳에 피터 1세의 동상, 프리드리히의 동상, 앙리 4세의 동상 등 아직도 청동기의 위력을 지닌 왕의 동상만 있다. 인류를 위해 위대한 업적을 남긴 몽테뉴, 포프, 루소, 몽테스키외, 뒤게 클랭, 다사스 등의 동상을 세워야 한다"는 것을 주장했다.[22] 그리고 부르동은 "영국과 미국, 프랑스는 서로 예전의 상처들을 잊고 자매로서 서로 알고, 사랑하며, 진실한 우정을 선서해야 한다. 프라이스, 프랭클린, 미라보는 평화와 자유의 사도들이다. 프라이스 박사와 프랭클린 박사의 동상을 미라보 백작의 동상 곁에 세워야 한다. 그리고 자발적인 기부금을 받도록 해야 한다"는 것도 제의했다.

부르동의 제안에 이어, 또 다른 어떤 의원은 인민이 지닌 주권과 자유가 소멸될 수 없는 권리라는 것을 알리기 위해 최초로 글을 쓴 계몽주의 시대 저술가로 루소를 지명하면서, 이 '자유의 아버지(pére de la liberté)'의 동상을 세울 장소를 요구하기도 했다. 그 밖에도 폭군을 공포에 떨게 해 교수대에서 처형된 시드니의 동상이 세워져야 한다는 요구도 있었고, 뒤푸르니의 경우, 프랭클린 박사의 명성에 경의를 표하고 동상을 만들자고 제의해 박수갈채를 받았다.[23] 이렇게 하여 장 자크 루소, 마블리 주임신부, 시드니, 프라이스, 프랭클린, 미라보의 동상건립이 결의되었다.

글을 모르는 사람을 위해 교회의 유리창과 벽에 예수상, 십자가, 성자상을 그려 하나님을 알게 하듯, 이러한 동상건립은 글을 모르는 어린 아이들부터 죽음을 바로 앞둔 노인에 이르기까지 프랑스 혁명과 인류를 위해 큰 공을 세운 위인들을 영원히 기억하게 했다.

프랑스 혁명 이후에도 위인들에 대한 사은 행사는 계속 이어져 1850년 루이 나폴레옹 시대에 빅토르 위고는 입법의회에서 계몽사상가들에게 사은하는 마음을 표현하기 위해 그들을 우표에 넣어 기억해야 한다고 주장했다. 빅토르 위고는

"만약 파스칼, 퐁텐, 몽테스키외, 볼테르, 디드로, 루소가 우리 마음속에 살아있는 것 같다면 그들을 우표에 넣어야 합니다. 대찬성입니다! 여러분, 이제야 이 계획을 결정하는 것이 얼마나 부끄러운 일입니까!"24)라고 제의해 의원들의 관심을 모았다.

팡테옹에 살아 있는 위인들

팡테옹Panthéon은 오스트리아 계승전쟁(1740~1748) 중인 1758년에 루이 15세의 서원에 따라 자크 제르맹 수플로가 생트즈느비에브산 위에 착공하여 세워진 교회다. 왕은 종종 이곳에서 전쟁의 승리를 기원했다. 그러나 여기에서 말하는 팡테옹은 1791년 4월 4일, 칙령에 의해 공식적으로 탄생했다. 그것은 교회라기보다는 오히려 프랑스의 명예를 빛낸 위인들에게 바친 '국민의 성전'이 되었다. 그것은 비종교적이고 공화주의적인 지하분묘로서 종교적이며 왕들이 안치된 생 드니 교회의 지하분묘와는 구별된다.

팡테옹에 유해가 들어가려면 반드시 '공적 사은(reconnais-sance publique)'을 받아야 한다. 지금까지 팡테옹에는 어느 왕의 유해도 모시지 않았다. 프랑스 혁명 중 팡테옹에 안치된 인물들은 혁명 이전의 위인과 혁명 중의 위인으로 구분된다. 혁명 이전의 대표적인 인물로는 1791년 볼테르의 유해, 1794년 루소의 유해가 안치되었다. 혁명가로는 1791년 미라보, 1793년 르플

르티에 드 생 파르고의 유해, 1794년 마라의 유해가 안치된 것이 대표적이다. 그러나 미라보의 유해는 1793년에, 마라의 유해는 1794년에 각각 철거되었다. 그 이유는 무엇일까?

팡테옹에 유해가 안치되려면 엄격한 심사가 필요했고, 안치된 뒤에도 여론에 흠이 없어야 했다. 혁명가 미라보는 1791년 4월 2일 밤 주연을 벌인 뒤에 급사했기 때문에 팡테옹 안치문제와 관련해 의견이 분분했으나 결국 공적이 대단해서 팡테옹에서 국장을 거행하기로 했다. 코르들리에 클럽의 비난에도 불구하고, 마키아벨리적 민중투사로 여전히 그 인기가 대단했던 미라보의 국장은 생트즈느비에브 교회에서 치러졌다. 그러나 1792년 11월 루이 16세의 '철제장롱'이 벽장에서 발견되었는데 그 속에는 미라보가 음모에 연루된 내용이 들어 있었고 그에 따라 미라보의 유해는 1793년 11월 25일 팡테옹에서 철거되었다.

마라는 거칠기는 했으나 인민에 대한 진지한 애정으로 그들의 고통을 돌보았기 때문에 인기가 대단했다. 그래서 그의 피살은 혁명에 참가한 사람들에게 가장 깊은 감정을 불러 일으켰다. 자코뱅파는 방타볼로 하여금 이 자유의 순교자를 팡테옹에 안치하자고 제의하게 했다. 로베스피에르는 희생자의 원한에 대한 복수가 급선무라는 구실로 간신히 방타볼의 제의를 거부했다. 그리고 7월 16일에 국민공회의원 모두 장례식에 참석해, '인민의 벗'을 튈르리궁의 정원 내 포플러로 장식된 인조동굴에 매장하고 마라의 심장은 코르들리에 클럽의 원형

천정에 매달아 놓았다. 몇 주일 동안 파리의 각 구와 대부분의 지방도시에서 마라를 기리는 추도식이 열리면서 복수하자는 소리가 높아졌다. 각 클럽과 공화파의 집회장 벽에는 마라의 흉상이 르플르티에, 샬리에의 흉상과 함께 걸려 있었다. 마라에 대한 추도와 존경심이 민중의 마음속에서 사라지지 않자 국민공회는 '1793년 10월 법령'에 따라 마라의 유해를 팡테옹에 안치했다.25) 그러나 1794년 9월 21일, 그의 유해는 '테르미도르 법령'에 따라 생트즈느비에브 묘지로 이장되었다.

일단 유해를 팡테옹에 모시기로 결정하면, 그 절차와 의식은 국장에 해당하는 것이라 대단했으며 온 국민의 축하 속에 진행되었다. 그 중에서도 특히, 루소의 유해를 모셔가는 의식은 매우 성대하고 의미 있게 진행되었다. 쇼메트가 처형된 직후인 1794년 4월 14일에 국민공회는 「사부아르 보좌신부의 신앙고백」의 저자인 루소의 유해를 팡테옹에 옮기라는 법령을 통과시켰다. 이 때 로베스피에르가 맡은 임무는 기대를 모은 '십일제'에 관한 법령을 공회에 제출하는 것이었다. 그는 '최고 존재'에 대한 국민의 예배를 전 프랑스인에게 의식화하기 위해 루소를 상징적인 존재로 내세웠다. 로베스피에르는 5월 7일, '십일제'에 관한 법령을 제출하면서 '최고 존재'에 대한 연설에서 "『에밀』의 저자 루소는 인류의 가정교사의 예우를 받아 마땅하다"며 찬사를 아끼지 않았다.

국민공회에 의해 루소는 '자유의 아버지'로 추앙되었다. 그리고 그의 저서는 혁명의 바이블이 되었다. 로베스피에르가 처형된 뒤 3개월 반이 지난 10월 11일, 테르미도르파는 국민장으로 루소의 유해를 팡테옹에 옮겼다. 「르 모니퇴르Le Moniteur」 신문을 보면, 악대를 선두로 행렬을 이루었고, 장 자크 루소가 작곡한 노래들이 연주되었다. 표현이 단순하면서도 감동적인 이 음악은 그 상황에 잘 어울려서 영혼으로 하여금 성령이 온 듯한 감명을 받게 했다. 이 행렬에서 부른 노래는 "셰비에의 장 자크 루소에 대한 찬미(l'Hymme à J. J. Rousseau de M. J. Chévier)"였다. 장례행렬에는 꽃, 나무, 과일 등을 머리와 옷에 꽂은 식물학자들이 뒤따랐다.

루소의 장례행렬에 왜 식물학자들이 뒤따라갔을까? 루소의 『에밀』과 『사회계약론』이 발간되었을 때 내려진 것은 그것들에 대한 금서 및 판금 조치, 그리고 루소에 대한 추방령 및 체포령이었다. 54세가 넘은 루소는 모티에에 체류하면서 이벨노아에게 식물에 대해 배웠다. 그는 1764년에 샤스롱산에서 고산식물의 표본을 수집했고, 다음 해에는 빈 호수 안에 있는 생피에르 섬에서 식물을 열심히 연구했다. 그리고 스웨덴 식물학자인 린네의 『자연의 체제』에 대해서도 열심히 고찰했다. 루소의 『식물학 사전』은 「폴란드 공작부인에게 보낸 편지」(1766~1776), 「라투레트에게 보낸 편지」(1769~1773), 「데렛세엘 부인에게 보낸 식물학기초에 관한 편지」(1771~1773), 「말젤브 씨에게 보낸 편지」, 「구안에게 보낸 편지」(1769), 『식물학술어사전』(1774) 등에서 말한 방대한 내용들을 담고 있다.

다음 행렬에는 예술가들(artistes)과 장인들(artisans) 한 무리가 루소의 동상을 앞세우고 갔다. 루소의 동상 뒤로 어머니들이 보였는데, 어머니들은 행렬을 따라가는 아이들 손을 잡고, 한쪽 팔로는 어린아이들을 안고 있었다. 그것은 『에밀』에 대한 찬양이었다. 그 다음에는 제네바 사람들과 재건된 공화국의 사절들이 뒤따랐는데, 이전에 프랑스가 제네바로 추방한 루소의 동향인들 중 생존한 사람들과 동반한 사람들이 행렬을 이루었다. 행렬의 마지막에는 국민공회 의원들이 있었는데, 그들은 삼색리본을 달았고 입법가의 표시로 길잡이를 하는 사람들이 루소의 『사회계약론』을 앞에 들고 갔다. 「르 모니퇴르」 신문은, 루소를 불가침권을 과감히 주장한 사람이며 황당한 무신론도 좋아하지 않은 사람, 그리고 순수하고 진실한 인간이라고 찬양했다.

팡테옹은 부르봉 왕조가 재건된 뒤 가톨릭교회에 되돌아갔지만 1829년에도 계몽주의 건축가 수플로의 유해가 이곳에 안치되었다. 7월 왕정에서 팡테옹은 본래의 목적을 되살리기 위해 "위인들에게 감사하는 조국"이라는 문구를 전면에 새겨 넣었고 다비드 당제에게 장식하는 작업이 다시 맡겨졌다. 이곳에는 카르노와 혁명력 2년의 병사들, 그리고 나폴레옹 보나파르트와 함께 '아르콜의 북' 및 평범한 사병들이 안치되었다.

제3공화국에서도 계몽주의와 프랑스 대혁명이 소중하게 다루던 주제, 즉 위인들의 도덕적 모범성이라는 주제를 다시 들고 나왔다. 쥘 페리의 주도하에 대중서적과 학교서적을 통해 유용한 위인들의 숭배가 장려되었다. 베르생제토릭스·오슈·

마르소 같은 애국자, 콜베르·튀르고 같이 민중의 이익을 옹호했던 근면하고 검소한 재상, 당통·라마르틴·강베타 같은 공화국의 창설자, 끝으로 인류에 공헌한 여러 사람들이 팡테옹에 안치되었다. 그들은 볼테르·루소·위고 같이 개혁을 지향한 작가, 앙브루아즈 파레·드니 파팽·루이 파스퇴르 같은 과학자들과 함께 살아 숨쉬고 있다. 또한 장 조레스와 정의를 위해 활약한 혁명가들도 안치되었으나 그 이름을 다 열거할 수 없다.

1989년 프랑스 혁명 200주년 기념제에서 미테랑 대통령은 혁명적 교육관의 전통을 계승하기 위해 그레구아르 신부, 마리 퀴리를 팡테옹에 안치했다. 그리고 교육사상가 콩도르세도 팡테옹에 안치되었는데, 그것은 프랑스에서 계몽주의와 더불어 더 나은 사회가 실현될 것이라는 불굴의 믿음을 『인간정신의 진보에 관한 역사적 개관』에서 선언한 콩도르세에게 다시 한번 명예를 수여한 것이었다. 1996년 자크 시라크 대통령은 이름난 아시아 문화재 '도굴꾼'이던 앙드레 말로를 팡테옹에 안치시켰다. 그리고 2002년에는 작가 뒤마의 유해를 팡테옹에 안치했다. 이러한 사은과 추모의 기념행사는 프랑스인들의 마음을 더욱 아름답게 가꾸고, 나아가 팡테옹을 프랑스 민족정신과 문화 창출의 충혼전으로 더욱 빛나게 할 것이다.

프랑스 혁명의 성과와 현대사적 의미

프랑스 혁명은 비록 살인과 방화, 파괴와 건설로 이어지면서 공포와 혼란한 정국을 만들었지만, 그것은 서양사는 물론 모든 나라에 근대사의 힘찬 출발의 모델을 제시했다. 프랑스 혁명의 가장 큰 성과는 첫째, 「인간과 시민의 권리 선언」의 실현을 통해 억압받고 권력이 없던 제3신분이 자유와 권리를 쟁취해 새로운 삶의 희망을 얻었다는 점이다. 혁명을 주도적으로 이끌던 의회는 혁명에 혁명을 거듭하면서 국민을 위한 정치·경제·사회·교육·종교 등 각 분야에 걸친 개혁을 추진한 것이다. 둘째, 낡고 부패한 앙시앵 레짐과 절대왕정을 타파하고 공화정이라는 새로운 정치질서를 수립해 오늘날 프랑스 사회의 초석을 마련한 점이다. 그리고 그것은 민주주의·사회주의·민족주의 등 세계적 정치질서를 새롭게 만드는 사상들의 묘판이 되었다는 점이다. 셋째, 프랑스 혁명을 통해 인간에 대한 새로운 가치와 이미지 및 이상이 부여되었다. 홉스봄의 말과 같이 프랑스 혁명은 모든 혁명들 가운데 유일하게 대중적 혁명이었으며 보편적·세계적 혁명이었다. 만일 프랑스 혁명이 일어나지 않았더라면, 잡화상의 아들 주르당 장군이나 과일장사 아주머니의 품에서 자란 가난한 고아 오슈가 그렇게 유명한 애국자가 되고 눈부신 운명을 맞이할 수 없었을 것이다. 프랑스 혁명은 모든 사람들에게 새 시대를 열어주었다.

그러나 프랑스 혁명은 인민의 자유와 주권을 회복시켰지만 테르미도르 사건으로 평등사회 건설이 좌절돼 결국 '평등하지 않은 자유'를 보장한 아쉬운 혁명이 되었다. 예컨대 1793년 9월에도 의회는 삼색모장을 착용하자는 여성들의 요청을 부결시켰다. 게다가 10월 28일에는 치안위원회의 대변인 아마르가 여성은 임신의 책임, 도덕적 약점, 부적절한 정치교육, 신경질적인 흥분 등의 생리적 한계로 정치활동은 부적절하다는 선언을 했다. 그리고 1794년에 국민공회는 노예제와 노예매매를 한시적으로나마 철폐했지만, 올랭프 드 구즈와 메리쿠르 같은 여성들의 역동적인 노력에도 불구하고 결국 여성의 참정권과 남녀평등 문제에 대해서는 소홀히 했다는 비난을 면할 길이 없다.

하지만 프랑스 혁명은 제3신분의 혁명도, 부르주아 혁명도, 상퀼로트 혁명도, 농민 혁명도 아닌 모든 프랑스 사람들의 혁명이었다는 데 의미가 있다. 정치·사회·경제·종교·문화 등 모든 것을 바꾸어 놓았기 때문이다. 따라서 프랑스 혁명은 죽은 역사가 아니라 오늘날에도 살아 있는 역사가 되어 내일의 역사를 만들고 있다.

프랑스 혁명 100주년을 기념하여 330m의 높이로 우뚝 세워진 에펠탑은 오늘날 파리의 심장부에서 하루에 10만 명 정도의 관광객들에게 프랑스 혁명의 기상을 느끼게 한다. '자유의 투사' 라파예트는 한때 반역죄로 수난을 당한 적도 있지만 파리의 가장 넓고 큰 도로에서 우리를 맞이한다. 궁중에 매수되었다는 정치가 미라보는 센강의 다리가 되어 관광객들의 시선을 모으고 있다. 이들만큼 유명하지 못한 바이이 의장도 거리 하나를 얻어 국민의회를 상기시킨다. 루이 16세와 왕비 마리 앙투아네트의 보호자들이던 말제르브, 드 세즈 등은 마들렌 광장 주변에서 자유의 옹호자들로 인정받고 있다. 콩도르세의 고등학교는 프랑스 혁명이 교육개혁과 더불어 공교육체제의 수립을 위해 노력한 흔적을 말해주며, 최초로 공화정을 선언한 사람들의 모습을 그리게 한다.

페시옹의 거리는 로베스피에르와 함께 민중들에게도 참정권을 주자는 민주개혁이 제헌국민의회에서 추진된 바 있었음을 상기시키며, 루베의 거리에서는 「파수꾼Sentinelle」을 통해 지롱드파를 지지하고 로베스피에르를 비난한 그의 용기와 담대함에 경의를 표하게 한다.

산악파의 우파인 관용파 중 데물랭, 파브르 데글랑틴, 당통은 그래도 만족할 만하게 거리의 이름으로 배당되었으나 로베스피에르에게 처형된 그들의 모습을 떠올리면 프랑스 혁명의 비정함이 느껴지기도 한다. 테르미도르파인 카르노, 랭데, 캉봉, 부아시 당글라스, 캉바세레, 뇌프샤토의 이름을 딴 거리들은 프랑스 혁명이 사회적 평등으로 진척되지 못한 아쉬움과 로베스피에르의 독재체제를 종식시킨 사건이 어떤 의미가 있는지 다시 한번 생각하게 한다. 또한 로베스피에르, 생쥐스트, 쿠통이 마련한 방토즈법이 시행되었더라면 프랑스 혁명이 어떻게 마무리되었을까 하고 상상하게 한다. 생쥐스트에서 따온 것은 아니지만 바티뇰 공동묘지 근처에 있는 생쥐스트의 거리는 "혁명의 나무는 피를 주어야 한다"는 것을 연상하게 한다. 국민적 통합의 대축제를 주관한 다비드를 기념하는 루이 다비드 가는 국민공회의원이라기보다 오히려 프랑스 혁명의 위대함을 알린 민중 화가이자 조각가로 우리에게 다가온다.

오늘날 프랑스는 혁명 뒤 다섯 번이나 다시 태어난 제5공화국으로, 사회민주주의체제로 뿌리를 내렸다. 프랑스인들은 이제 헌법을 개정할 필요성을 느끼지 않는 것 같다. 그것은 「인간과 시민의 권리 선언」을 초석으로 삼아 그 뒤에 역사적 상황변화에 맞추어 다섯 번 수정한 결과, 완벽할 만한 프랑스의 정체성을 확립했다는 의미로 해석된다. 또한 프랑스 혁명 정신은 오늘날에도 『나폴레옹 법전』을 통해 시민적 평등·법적 평등·봉건제의 폐지·정교분리 등으로 구현되어 시민생활의 길라잡이 역할을 하고 있다. 프랑스 혁명 정신과 프랑스의 정체성은 여전히 교재를 통해서, 강의를 통해서 자신들의 자리에서 계속 새로운 시선을 보내는 연구자들에 의해 내일을 여는 역사의 지침이 될 것이다.

지금도 파리 대학에서는 1886년에 마련된 프랑스 혁명사 담당 교수직과 강의가 유지되고 있다. 프랑수아 알퐁스 올라르가 수립한 혁명사관은 1917년 이후의 마르크스주의 역사관조차도 전면 부정하지 못했던 것이다. 그리고 200주년 기념행사와 그 뒤에 연구로 밝혀낸 프랑스 혁명에 대한 새로운 모습은 영원한 세계적인 시민혁명으로 남을 것 같다. 그러나 프랑스 혁명의 '실상'을 정확히 밝히는 것은 여전히 우리의 과제로 남을 것이다.

주

1) Leo Gershoy, *The Era of the French Revolution 1789~1799*, Vannestrand Co., 1957, p.22.
2) Albert Soboul, *Précis d'Histoire de la Révolution Française*, Editions Sociales, 1975, p.18.
3) Crane Brinton, *Anatomy of Revolution*, Prentice-Hall, 1960, pp.33-34.
4) Pierre Gaxotte, *La Révolution Française*, Fayard, 1975, p.91.
5) Roland Mousnier et Ernest Labrousse, *Le XVIIIe Siècle; L'Époque des Lumière 1715~1815*, P.U.F., 1967, p.157.
6) J. M. Thompson, *Robespierre and the French Revolution*, Collier books, 1962, p.54.
7) André Tuilier, "L'Université de Paris, La Sorbonne et La Révolution", *Célébration du Bicentenaire de la Révolution Française en Sorbonne, juin-juillet*, 1989, pp.72-73.
8) Jean de Viguerie, "Eglises et Pouvoir Politique", *Actes des Journées Internationales d'Histoire de Droit d'Angers, 30 mai 1er juin 1985*, Angers, pp.333-334.
9) William Doyle, *The Oxford History of the French Revolution*, Oxford University Press, 1989, p.481.
10) Claude Manceron, *Les Hommes de la Liberté 5: Le Sang de la Bastille*, Éditions Robert Laffont, 1990, p.428.
11) 볼프강 융거, 채운정 옮김, 『커피하우스의 문화사』, 에디터, 2002, 110-111쪽.
12) Hippolyte Carot et David(d'Angers), "Mémoires de B. Barère, tome1", *Jules Labitte*, Librairie-Editeur, 1842, p.307.
13) "Dédicace de Maximilien Robespierre aux mânes de Jean-Jacques Rousseau", dans *Charlotte Robespierre et ses Méoires*, par Hector Fleischmanne, Albin Michel Editeur, pp.290-292.
14) Christian Amavi et 3, *L'ABCdaire de la République et du Citoyen*, Flammarion, 1998, p.72.
15) 장 마생, 양희영 옮김, 『로베스피에르, 혁명의 탄생』, 교양인, 2005, 348쪽.

16) Saint-Just, "Discours et Rapports", *préface et commentaires par Albert Soboul*, Editions Sociales, 1977, p.26.

17) Alfred Chabaud, "Barère et les Fonds Secrets de Louis-Philippe", dans *A.H.R.F.*, tome deuxième, 1935, p.547.

18) Hippolyte Carnot et David (d'Angers), "Notice Historique sur Barère", *Mémoires de B. Barère,* tome premeir, Jules Labitte, brairie Editeur, 1842, pp.118-119.

19) J. M. Thompson, *Robespierre and the French Revolution*, Collier Books, 1962, p.113.

20) Duc de Lévis Morepoix, *Robespierre: Prophète de la Révolution*, Librairie Académique Perrin, 1978, p.283.

21) Robespierre, Textes Choisis I., *préface et notes par Jean Poperan*, Editions Sociales, 1974, p.8.

22) Saint-Just, "Esprit de la Révolution et de la Constitution de France", *Théorie Politique, textes études et commentés par Alain Lienard*, Editions du Seuil, 1976, p.130.

23) M. Dufourny, "Discours, 18 Décembre 1791, Séance des Jacobins", *Histoire Parlementaire de la Révolution Française ou journal des Assemblées Nationales depuis 1789 jusqu'en 1815*, Tome XII, p.381.

24) *Victor Hugo: Les Grands Orateurs Républicains,* Tome X, préfacé et commentés par André D. Tolédano, Les Editions Héméra, 1949~1950, p.142.

25) Mona Ozouf, *La Fête Révolution 1789~1799*, Editions Gallimard, 1976, p.137.

프랑스엔 〈크세주〉, 일본엔 〈이와나미 문고〉,
한국에는 〈살림지식총서〉가 있습니다.

📱 전자책 | 🔍 큰글자 | 🔊 오디오북

001 미국의 좌파와 우파 | 이주영 📱🔍
002 미국의 정체성 | 김형인 📱🔍
003 마이너리티 역사 | 손영호 📱
004 두 얼굴을 가진 하나님 | 김형인 📱
005 MD | 정욱식 📱
006 반미 | 김진웅 📱
007 영화로 보는 미국 | 김성곤 📱
008 미국 뒤집어보기 | 장석정
009 미국 문화지도 | 장석정
010 미국 메모랜덤 | 최성일
011 위대한 어머니 여신 | 장영란 📱🔍
012 변신이야기 | 김선자
013 인도신화의 계보 | 류경희 📱🔍
014 축제인류학 | 류정아
015 오리엔탈리즘의 역사 | 정진농 📱
016 이슬람 문화 | 이희수 📱
017 살롱문화 | 서정복 📱
018 추리소설의 세계 | 정규웅 🔍
019 애니메이션의 장르와 역사 | 이용배 📱
020 문신의 역사 | 조현설
021 색채의 상징, 색채의 심리 | 박영수 📱
022 인체의 신비 | 이성주 📱
023 생물학무기 | 배우철
024 이 땅에서 우리말로 철학하기 | 이기상
025 중세는 정말 암흑기였나 | 이경재 📱🔍
026 미셸 푸코 | 양운덕 📱
027 포스트모더니즘에 대한 성찰 | 신승환 📱🔍
028 조폭의 계보 | 방성수
029 성스러움과 폭력 | 류성민 📱
030 성상 파괴주의와 성상 옹호주의 | 진형준 📱
031 UFO학 | 성시정
032 최면의 세계 | 설기문 📱
033 천문학 탐구자들 | 이면우
034 블랙홀 | 이충환 📱
035 법의학의 세계 | 이윤성 📱🔍
036 양자 컴퓨터 | 이순칠 📱
037 마피아의 계보 | 안혁 📱
038 헬레니즘 | 윤진 📱
039 유대인 | 정성호 📱🔍
040 M. 엘리아데 | 정진홍 📱
041 한국교회의 역사 | 서정민 📱
042 야훼와 바알 | 김남일 📱
043 캐리커처의 역사 | 박창석
044 한국 액션영화 | 오승욱 📱
045 한국 문예영화 이야기 | 김남석 📱
046 포켓몬 마스터 되기 | 김윤아 📱

047 판타지 | 송태현 📱
048 르 몽드 | 최연구 📱🔍
049 그리스 사유의 기원 | 김재홍 📱
050 영혼론 입문 | 이정우
051 알베르 카뮈 | 유기환 📱
052 프란츠 카프카 | 편영수 📱
053 버지니아 울프 | 김희정 📱
054 재즈 | 최규용 📱
055 뉴에이지 음악 | 양한수 📱
056 중국의 고구려사 왜곡 | 최광식 📱🔍
057 중국의 정체성 | 강준영 📱
058 중국의 문화코드 | 강진석
059 중국사상의 뿌리 | 장현근 📱
060 화교 | 정성호 📱
061 중국인의 금기 | 장범성
062 무협 | 문현선 📱
063 중국영화 이야기 | 임대근
064 경극 | 송철규
065 중국적 사유의 원형 | 박정근 📱🔍
066 수도원의 역사 | 최형걸 📱
067 현대 신학 이야기 | 박만 📱
068 요가 | 류경희 📱
069 성공학의 역사 | 정해윤 📱
070 진정한 프로는 변화가 즐겁다 | 김학선 📱🔍
071 외국인 직접투자 | 송의달
072 지식의 성장 | 이한구 📱
073 사랑의 철학 | 이정은 📱
074 유교문화와 여성 | 김미영 📱
075 매체 정보란 무엇인가 | 구연상 📱🔍
076 피에르 부르디외와 한국사회 | 홍성민 📱
077 21세기 한국의 문화혁명 | 이정덕
078 사건으로 보는 한국의 정치변동 | 양길현 📱🔍
079 미국을 만든 사상들 | 정경희 📱
080 한반도 시나리오 | 정욱식 📱🔍
081 미국인의 발견 | 우수근
082 미국의 거장들 | 김홍국 📱
083 법으로 보는 미국 | 채동배
084 미국 여성사 | 이창신 📱
085 책과 세계 | 강유원 📱
086 유럽왕실의 탄생 | 김현수 📱
087 박물관의 탄생 | 전진성 📱
088 절대왕정의 탄생 | 임승휘 📱
089 커피 이야기 | 김성윤 📱🔍
090 축구의 문화사 | 이은호
091 세기의 사랑 이야기 | 안재필 📱🔍
092 반연극의 계보와 미학 | 임준서 📱

- 093 한국의 연출가들 | 김남석
- 094 동아시아의 공연예술 | 서연호
- 095 사이코드라마 | 김정일
- 096 철학으로 보는 문화 | 신응철
- 097 장 폴 사르트르 | 변광배
- 098 프랑스 문화와 상상력 | 박기현
- 099 아브라함의 종교 | 공일주
- 100 여행 이야기 | 이진홍
- 101 아테네 | 장영란
- 102 로마 | 한형곤
- 103 이스탄불 | 이희수
- 104 예루살렘 | 최창모
- 105 상트 페테르부르크 | 방일권
- 106 하이델베르크 | 곽병휴
- 107 파리 | 김복래
- 108 바르샤바 | 최건영
- 109 부에노스아이레스 | 고부안
- 110 멕시코 시티 | 정혜주
- 111 나이로비 | 양철준
- 112 고대 올림픽의 세계 | 김복희
- 113 종교와 스포츠 | 이창호
- 114 그리스 미술 이야기 | 노성두
- 115 그리스 문명 | 최혜영
- 116 그리스와 로마 | 김덕수
- 117 알렉산드로스 | 조현미
- 118 고대 그리스의 시인들 | 김헌
- 119 올림픽의 숨은 이야기 | 장원재
- 120 장르 만화의 세계 | 박인하
- 121 성공의 길은 내 안에 있다 | 이숙영
- 122 모든 것을 고객중심으로 바꿔라 | 안상헌
- 123 중세와 토마스 아퀴나스 | 박주영
- 124 우주 개발의 숨은 이야기 | 정홍철
- 125 나노 | 이영희
- 126 초끈이론 | 박재모·현승준
- 127 안토니 가우디 | 손세관
- 128 프랭크 로이드 라이트 | 서수경
- 129 프랭크 게리 | 이일형
- 130 리차드 마이어 | 이성훈
- 131 안도 다다오 | 임채진
- 132 색의 유혹 | 오수연
- 133 고객을 사로잡는 디자인 혁신 | 신언모
- 134 양주 이야기 | 김준철
- 135 주역과 운명 | 심의용
- 136 학계의 금기를 찾아서 | 강성민
- 137 미·중·일 새로운 패권전략 | 우수근
- 138 세계지도의 역사와 한반도의 발견 | 김상근
- 139 신용하 교수의 독도 이야기 | 신용하
- 140 간도는 누구의 땅인가 | 이성환
- 141 말리노프스키의 문화인류학 | 김용환
- 142 크리스마스 | 이영제
- 143 바로크 | 신정아
- 144 페르시아 문화 | 신규섭
- 145 패션과 명품 | 이재진
- 146 프랑켄슈타인 | 장정희
- 147 뱀파이어 연대기 | 한혜원
- 148 위대한 힙합 아티스트 | 김정훈
- 149 살사 | 최명호
- 150 모던 걸, 여우 목도리를 버려라 | 김주리
- 151 누가 하이카라 여성을 데리고 사누 | 김미지
- 152 스위트 홈의 기원 | 백지혜
- 153 대중적 감수성의 탄생 | 강심호
- 154 에로 그로 넌센스 | 소래섭
- 155 소리가 만들어낸 근대의 풍경 | 이승원
- 156 서울은 어떻게 계획되었는가 | 염복규
- 157 부엌의 문화사 | 함한희
- 158 칸트 | 최인숙
- 159 사람은 왜 인정받고 싶어하나 | 이정은
- 160 지중해학 | 박상진
- 161 동북아시아 비핵지대 | 이삼성 외
- 162 서양 배우의 역사 | 김정수
- 163 20세기의 위대한 연극인들 | 김미혜
- 164 영화음악 | 박신영
- 165 한국독립영화 | 김수남
- 166 영화와 샤머니즘 | 이종승
- 167 영화로 보는 불륜의 사회학 | 황혜진
- 168 J.D. 샐린저와 호밀밭의 파수꾼 | 김성곤
- 169 허브 이야기 | 조태동·송진희
- 170 프로레슬링 | 성민수
- 171 프랑크푸르트 | 이기식
- 172 바그다드 | 이동은
- 173 아테네인, 스파르타인 | 윤진
- 174 정치의 원형을 찾아서 | 최자영
- 175 소르본 대학 | 서정복
- 176 테마로 보는 서양미술 | 권용준
- 177 칼 마르크스 | 박영균
- 178 허버트 마르쿠제 | 손철성
- 179 안토니오 그람시 | 김현우
- 180 안토니오 네그리 | 윤수종
- 181 박이문의 문학과 철학 이야기 | 박이문
- 182 상상력과 가스통 바슐라르 | 홍명희
- 183 인간복제의 시대가 온다 | 김홍재
- 184 수소 혁명의 시대 | 김미선
- 185 로봇 이야기 | 김문상
- 186 일본의 정체성 | 김필동
- 187 일본의 서양문화 수용사 | 정하미
- 188 번역과 일본의 근대 | 최경옥
- 189 전쟁국가 일본 | 이성환
- 190 한국과 일본 | 하우봉
- 191 일본 누드 문화사 | 최유경
- 192 주신구라 | 이준섭
- 193 일본의 신사 | 박규태
- 194 미야자키 하야오 | 김윤아
- 195 애니메이션으로 보는 일본 | 박규태
- 196 디지털 에듀테인먼트 스토리텔링 | 강심호
- 197 디지털 애니메이션 스토리텔링 | 배주영
- 198 디지털 게임의 미학 | 전경란
- 199 디지털 게임 스토리텔링 | 한혜원
- 200 한국형 디지털 스토리텔링 | 이인화

201 디지털 게임, 상상력의 새로운 영토 | 이정엽
202 프로이트와 종교 | 권수영
203 영화로 보는 태평양전쟁 | 이동훈
204 소리의 문화사 | 김토일
205 극장의 역사 | 임종엽
206 뮤지엄건축 | 서상우
207 한옥 | 박명덕
208 한국만화사 산책 | 손상익
209 만화 속 백수 이야기 | 김성훈
210 코믹스 만화의 세계 | 박석환
211 북한만화의 이해 | 김성훈·박소현
212 북한 애니메이션 | 이대연·김경임
213 만화로 보는 미국 | 김기홍
214 미생물의 세계 | 이재열
215 빛과 색 | 변종철
216 인공위성 | 장영근
217 문화콘텐츠란 무엇인가 | 최연구
218 고대 근동의 신화와 종교 | 강성열
219 신비주의 | 금인숙
220 십자군, 성전과 약탈의 역사 | 진원숙
221 종교개혁 이야기 | 이성덕
222 자살 | 이진홍
223 성, 그 억압과 진보의 역사 | 윤가현
224 아파트의 문화사 | 박철수
225 권오길 교수가 들려주는 생물의 섹스 이야기 | 권오길
226 동물행동학 | 임신재
227 한국 축구 발전사 | 김성원
228 월드컵의 위대한 전설들 | 서준형
229 월드컵의 강국들 | 심재희
230 스포츠마케팅의 세계 | 박찬혁
231 일본의 이중권력, 쇼군과 천황 | 다카시로 고이치
232 일본의 사소설 | 안영희
233 글로벌 매너 | 박한표
234 성공하는 중국 진출 가이드북 | 우수근
235 20대의 정체성 | 정성호
236 중년의 사회학 | 정성호
237 인권 | 차병직
238 헌법재판 이야기 | 오호택
239 프라하 | 김규진
240 부다페스트 | 김성진
241 보스턴 | 황선희
242 돈황 | 전인초
243 보들레르 | 이건수
244 돈 후안 | 정동섭
245 사르트르 참여문학론 | 변광배
246 문체론 | 이종오
247 올더스 헉슬리 | 김효원
248 탈식민주의에 대한 성찰 | 박종성
249 서양 무기의 역사 | 이내주
250 백화점의 문화사 | 김인호
251 초콜릿 이야기 | 정한진
252 향신료 이야기 | 정한진
253 프랑스 미식 기행 | 심순철
254 음식 이야기 | 윤진아
255 비틀스 | 고영탁
256 현대시와 불교 | 오세영
257 불교의 선악론 | 안옥선
258 질병의 사회사 | 신규환
259 와인의 문화사 | 고형욱
260 와인, 어떻게 즐길까 | 김준철
261 노블레스 오블리주 | 예종석
262 미국인의 탄생 | 김진웅
263 기독교의 교파 | 남병두
264 플로티노스 | 조규홍
265 아우구스티누스 | 박경숙
266 안셀무스 | 김영철
267 중국 종교의 역사 | 박종우
268 인도의 신화와 종교 | 정광흠
269 이라크의 역사 | 공일주
270 르 코르뷔지에 | 이관석
271 김수영, 혹은 시적 양심 | 이은정
272 의학사상사 | 여인석
273 서양의학의 역사 | 이재담
274 몸의 역사 | 강신익
275 인류를 구한 항균제들 | 예병일
276 전쟁의 판도를 바꾼 전염병 | 예병일
277 사상의학 바로 알기 | 장동민
278 조선의 명의들 | 김호
279 한국인의 관계심리학 | 권수영
280 모건의 가족 인류학 | 김용환
281 예수가 상상한 그리스도 | 김호경
282 사르트르와 보부아르의 계약결혼 | 변광배
283 초기 기독교 이야기 | 진원숙
284 동유럽의 민족 분쟁 | 김철민
285 비잔틴제국 | 진원숙
286 오스만제국 | 진원숙
287 별을 보는 사람들 | 조상호
288 한미 FTA 후 직업의 미래 | 김준성
289 구조주의와 그 이후 | 김종우
290 아도르노 | 이종하
291 프랑스 혁명 | 서정복
292 메이지유신 | 장인성
293 문화대혁명 | 백승욱
294 기생 이야기 | 신현규
295 에베레스트 | 김법모
296 빈 | 인성기
297 발트3국 | 서진석
298 아일랜드 | 한일동
299 이케다 하야토 | 권혁기
300 박정희 | 김성진
301 리콴유 | 김성진
302 덩샤오핑 | 박형기
303 마거릿 대처 | 박동운
304 로널드 레이건 | 김형곤
305 세이크 모하메드 | 최진영
306 유엔사무총장 | 김정태
307 농구의 탄생 | 손대범
308 홍차 이야기 | 정은희

- 309 인도 불교사 | 김미숙
- 310 아힌사 | 이정호
- 311 인도의 경전들 | 이재숙
- 312 글로벌 리더 | 백형찬
- 313 탱고 | 배수경
- 314 미술경매 이야기 | 이규현
- 315 달마와 그 제자들 | 우봉규
- 316 화두와 좌선 | 김호귀
- 317 대학의 역사 | 이광주
- 318 이슬람의 탄생 | 진원숙
- 319 DNA분석과 과학수사 | 박기원
- 320 대통령의 탄생 | 조지형
- 321 대통령의 퇴임 이후 | 김형곤
- 322 미국의 대통령 선거 | 윤용희
- 323 프랑스 대통령 이야기 | 최연구
- 324 실용주의 | 이유선
- 325 맥주의 세계 | 원융희
- 326 SF의 법칙 | 고장원
- 327 원효 | 김원명
- 328 베이징 | 조창완
- 329 상하이 | 김윤희
- 330 홍콩 | 유영하
- 331 중화경제의 리더들 | 박형기
- 332 중국의 엘리트 | 주장환
- 333 중국의 소수민족 | 정재남
- 334 중국을 이해하는 9가지 관점 | 우수근
- 335 고대 페르시아의 역사 | 유흥태
- 336 이란의 역사 | 유흥태
- 337 에스파한 | 유흥태
- 338 번역이란 무엇인가 | 이향
- 339 해체론 | 조규형
- 340 자크 라캉 | 김용수
- 341 하지홍 교수의 개 이야기 | 하지홍
- 342 다방과 카페, 모던보이의 아지트 | 장유정
- 343 역사 속의 채식인 | 이광조
- 344 보수와 진보의 정신분석 | 김용신
- 345 저작권 | 김기태
- 346 왜 그 음식은 먹지 않을까 | 정한진
- 347 플라멩코 | 최명호
- 348 월트 디즈니 | 김지영
- 349 빌 게이츠 | 김익현
- 350 스티브 잡스 | 김상훈
- 351 잭 웰치 | 하정필
- 352 워렌 버핏 | 이민주
- 353 조지 소로스 | 김성진
- 354 마쓰시타 고노스케 | 권혁기
- 355 도요타 | 이우광
- 356 기술의 역사 | 송성수
- 357 미국의 총기 문화 | 손영호
- 358 표트르 대제 | 박지배
- 359 조지 워싱턴 | 김형곤
- 360 나폴레옹 | 서정복
- 361 비스마르크 | 김장수
- 362 모택동 | 김승일
- 363 러시아의 정체성 | 기연수
- 364 너는 시방 위험한 로봇이다 | 오은
- 365 발레리나를 꿈꾼 로봇 | 김선혁
- 366 로봇 선생님 가라사대 | 안동근
- 367 로봇 디자인의 숨겨진 규칙 | 구신애
- 368 로봇을 향한 열정, 일본 애니메이션 | 안병욱
- 369 도스토예프스키 | 박영은
- 370 플라톤의 교육 | 장영란
- 371 대공황 시대 | 양동휴
- 372 미래를 예측하는 힘 | 최연구
- 373 꼭 알아야 하는 미래 질병 10가지 | 우정헌
- 374 과학기술의 개척자들 | 송성수
- 375 레이첼 카슨과 침묵의 봄 | 김재호
- 376 좋은 문장 나쁜 문장 | 송준호
- 377 바울 | 김호경
- 378 테킬라 이야기 | 최명호
- 379 어떻게 일본 과학은 노벨상을 탔는가 | 김범성
- 380 기후변화 이야기 | 이유진
- 381 상송 | 전금주
- 382 이슬람 예술 | 전완경
- 383 페르시아의 종교 | 유흥태
- 384 삼위일체론 | 유해무
- 385 이슬람 율법 | 공일주
- 386 금강경 | 곽철환
- 387 루이스 칸 | 김낙중 · 정태용
- 388 톰 웨이츠 | 신주현
- 389 위대한 여성 과학자들 | 송성수
- 390 법원 이야기 | 오호택
- 391 명예훼손이란 무엇인가 | 안상운
- 392 사법권의 독립 | 조지형
- 393 피해자학 강의 | 장규원
- 394 정보공개란 무엇인가 | 안상운
- 395 적정기술이란 무엇인가 | 김정태 · 홍성욱
- 396 치명적인 금융위기, 왜 유독 대한민국인가 | 오형규
- 397 지방자치단체, 돈이 새고 있다 | 최인욱
- 398 스마트 위험사회가 온다 | 민경식
- 399 한반도 대재난, 대책은 있는가 | 이정직
- 400 불안사회 대한민국, 복지가 해답인가 | 신광영
- 401 21세기 대한민국 대외전략 | 김기수
- 402 보이지 않는 위협, 종북주의 | 류현수
- 403 우리 헌법 이야기 | 오호택
- 404 핵심 중국어 간체자(簡體字) | 김현정
- 405 문화생활과 문화주택 | 김용범
- 406 미래주거의 대안 | 김세용 · 이재준
- 407 개방과 폐쇄의 딜레마, 북한의 이중적 경제 | 남성욱 · 정유석
- 408 연극과 영화를 통해 본 북한 사회 | 민병욱
- 409 먹기 위한 개방, 살기 위한 핵외교 | 김계동
- 410 북한 정권 붕괴 가능성과 대비 | 전경주
- 411 북한을 움직이는 힘, 군부의 패권경쟁 | 이영훈
- 412 인민의 천국에서 벌어지는 인권유린 | 허만호
- 413 성공을 이끄는 마케팅 법칙 | 추성엽
- 414 커피로 알아보는 마케팅 베이직 | 김민주
- 415 쓰나미의 과학 | 이호준
- 416 20세기를 빛낸 극작가 20인 | 백승무

- 417 20세기의 위대한 지휘자 | 김문경
- 418 20세기의 위대한 피아니스트 | 노태헌
- 419 뮤지컬의 이해 | 이동섭
- 420 위대한 도서관 건축 순례 | 최정태
- 421 아름다운 도서관 오디세이 | 최정태
- 422 롤링 스톤즈 | 김기범
- 423 서양 건축과 실내디자인의 역사 | 천진희
- 424 서양 가구의 역사 | 공혜원
- 425 비주얼 머천다이징&디스플레이 디자인 | 강희수
- 426 호감의 법칙 | 김경호
- 427 시대의 지성, 노암 촘스키 | 임기대
- 428 역사로 본 중국음식 | 신계숙
- 429 일본요리의 역사 | 박병학
- 430 한국의 음식문화 | 도현신
- 431 프랑스 음식문화 | 민혜련
- 432 중국차 이야기 | 조은아
- 433 디저트 이야기 | 안호기
- 434 치즈 이야기 | 박승용
- 435 면(麵) 이야기 | 김한송
- 436 막걸리 이야기 | 정은숙
- 437 알렉산드리아 비블리오테카 | 남태우
- 438 개헌 이야기 | 오호택
- 439 전통 명품의 보고, 규장각 | 신병주
- 440 에로스의 예술, 발레 | 김도윤
- 441 소크라테스를 알라 | 장영란
- 442 소프트웨어가 세상을 지배한다 | 김재호
- 443 국제난민 이야기 | 김철민
- 444 셰익스피어 그리고 인간 | 김도윤
- 445 명상이 경쟁력이다 | 김필수
- 446 갈매나무의 시인 백석 | 이숭원
- 447 브랜드를 알면 자동차가 보인다 | 김흥식
- 448 파이온에서 힉스 입자까지 | 이강영
- 449 알고 쓰는 화장품 | 구희연
- 450 희망이 된 인문학 | 김호연
- 451 한국 예술의 큰 별 동랑 유치진 | 백형찬
- 452 경허와 그 제자들 | 우봉규
- 453 논어 | 윤홍식
- 454 장자 | 이기동
- 455 맹자 | 장현근
- 456 관자 | 신창호
- 457 순자 | 윤무학
- 458 미사일 이야기 | 박준복
- 459 사주(四柱) 이야기 | 이지형
- 460 영화로 보는 로큰롤 | 김기범
- 461 비타민 이야기 | 김정환
- 462 장군 이순신 | 도현신
- 463 전쟁의 심리학 | 이윤규
- 464 미국의 장군들 | 여영무
- 465 첨단무기의 세계 | 양낙규
- 466 한국무기의 역사 | 이내주
- 467 노자 | 임헌규
- 468 한비자 | 윤찬원
- 469 묵자 | 박문현
- 470 나는 누구인가 | 김용신
- 471 논리적 글쓰기 | 여세주
- 472 디지털 시대의 글쓰기 | 이강룡
- 473 NLL을 말하다 | 이상철
- 474 뇌의 비밀 | 서유헌
- 475 버트런드 러셀 | 박병철
- 476 에드문트 후설 | 박인철
- 477 공간 해석의 지혜, 풍수 | 이지형
- 478 이야기 동양철학사 | 강성률
- 479 이야기 서양철학사 | 강성률
- 480 독일 계몽주의의 유학적 기초 | 전홍석
- 481 우리말 한자 바로쓰기 | 안광희
- 482 유머의 기술 | 이상훈
- 483 관상 | 이태룡
- 484 가상학 | 이태룡
- 485 역경 | 이태룡
- 486 대한민국 대통령들의 한국경제 이야기 1 | 이장규
- 487 대한민국 대통령들의 한국경제 이야기 2 | 이장규
- 488 별자리 이야기 | 이형철 외
- 489 셜록 홈즈 | 김재성
- 490 역사를 움직인 중국 여성들 | 이양자
- 491 중국 고전 이야기 | 문승용
- 492 발효 이야기 | 이미란
- 493 이승만 평전 | 이주영
- 494 미군정시대 이야기 | 차상철
- 495 한국전쟁사 | 이희진
- 496 정전협정 | 조성훈
- 497 북한 대남 침투도발사 | 이윤규
- 498 수상 | 이태룡
- 499 성명학 | 이태룡
- 500 결혼 | 남정욱
- 501 광고로 보는 근대문화사 | 김병희
- 502 시조의 이해 | 임형선
- 503 일본인은 왜 속마음을 말하지 않을까 | 임영철
- 504 내 사랑 아다지오 | 양태조
- 505 수프림 오페라 | 김도윤
- 506 바그너의 이해 | 서정원
- 507 원자력 이야기 | 이정익
- 508 이스라엘과 창조경제 | 정성호
- 509 한국 사회 빈부의식은 어떻게 변했는가 | 김용신
- 510 요하문명과 한반도 | 우실하
- 511 고조선왕조실록 | 이희진
- 512 고구려조선왕조실록 1 | 이희진
- 513 고구려조선왕조실록 2 | 이희진
- 514 백제왕조실록 1 | 이희진
- 515 백제왕조실록 2 | 이희진
- 516 신라왕조실록 1 | 이희진
- 517 신라왕조실록 2 | 이희진
- 518 신라왕조실록 3 | 이희진
- 519 가야왕조실록 | 이희진
- 520 발해왕조실록 | 구난희
- 521 고려왕조실록 1 (근간)
- 522 고려왕조실록 2 (근간)
- 523 조선왕조실록 1 | 이성무
- 524 조선왕조실록 2 | 이성무

- 525 조선왕조실록 3 | 이성무
- 526 조선왕조실록 4 | 이성무
- 527 조선왕조실록 5 | 이성무
- 528 조선왕조실록 6 | 편집부
- 529 정한론 | 이기용
- 530 청일전쟁 (근간)
- 531 러일전쟁 (근간)
- 532 이슬람 전쟁사 | 진원숙
- 533 소주이야기 | 이지형
- 534 북한 남침 이후 3일간, 이승만 대통령의 행적 | 남정옥
- 535 제주 신화 1 | 이석범
- 536 제주 신화 2 | 이석범
- 537 제주 전설 1 | 이석범
- 538 제주 전설 2 | 이석범
- 539 제주 전설 3 | 이석범
- 540 제주 전설 4 | 이석범
- 541 제주 전설 5 | 이석범
- 542 제주 민담 | 이석범
- 543 서양의 명장 | 박기련
- 544 동양의 명장 | 박기련
- 545 루소, 교육을 말하다 | 고봉만·황성원
- 546 철학으로 본 앙트러프러너십 | 전인수
- 547 예술과 앙트러프러너십 | 조명계
- 548 예술마케팅 | 전인수
- 549 비즈니스상상력 | 전인수
- 550 개념설계의 시대 | 전인수
- 551 미국 독립전쟁 | 김형곤
- 552 미국 남북전쟁 | 김형곤
- 553 초기불교 이야기 | 곽철환
- 554 한국가톨릭의 역사 | 서정민
- 555 시아 이슬람 | 유흥태
- 556 스토리텔링에서 스토리두잉으로 | 윤주
- 557 백세시대의 지혜 | 신현동
- 558 구보 씨가 살아온 한국 사회 | 김병희
- 559 정부광고로 보는 일상생활사 | 김병희
- 560 정부광고의 국민계몽 캠페인 | 김병희
- 561 도시재생이야기 | 윤주
- 562 한국의 핵무장 | 김재엽
- 563 고구려 비문의 비밀 | 정호섭
- 564 비슷하면서도 다른 한중문화 | 장범성
- 565 급변하는 현대 중국의 일상 | 장시.리우린.장범성
- 566 중국의 한국 유학생들 | 왕링윈, 장범성
- 567 밥 딜런 그의 나라에는 누가 사는가 | 오민석
- 568 언론으로 본 정부 정책의 변천 | 김병희
- 569 전통과 보수의 나라 영국 1-영국 역사 | 한일동
- 570 전통과 보수의 나라 영국 2-영국 문화 | 한일동
- 571 전통과 보수의 나라 영국 3-영국 현대 | 김언조
- 572 제1차 세계대전 | 윤형호
- 573 제2차 세계대전 | 윤형호
- 574 라벨로 보는 프랑스 포도주의 이해 | 전경준
- 575 미셸 푸코, 말과 사물 | 이규현
- 576 프로이트, 꿈의 해석 | 김석
- 577 왜 5왕 | 홍성화
- 578 소가씨 4대 | 나행주
- 579 미나모토 요리토모 | 남기학
- 580 도요토미 히데요시 | 이계황
- 581 요시다 쇼인 | 이희복
- 582 시부사와 에이이치 | 양의모
- 583 이토 히로부미 | 방광석
- 584 메이지 천황 | 박진우
- 585 하라 다카시 | 김영숙
- 586 히라쓰카 라이초 | 정애영
- 587 고노에 후미마로 | 김봉식
- 588 모방이론으로 본 시장경제 | 김진식
- 589 보들레르의 풍자적 현대문명 비판 | 이건수
- 590 원시유교 | 한성구
- 591 도가 | 김대근
- 592 춘추전국시대의 고민 | 김현주

프랑스 혁명

펴낸날	초판 1쇄 2007년 7월 5일 초판 8쇄 2021년 4월 22일
지은이	서정복
펴낸이	심만수
펴낸곳	㈜살림출판사
출판등록	1989년 11월 1일 제9-210호
주소	경기도 파주시 광인사길 30
전화	031-955-1350 팩스 031-624-1356
홈페이지	http://www.sallimbooks.com
이메일	book@sallimbooks.com
ISBN	978-89-522-0659-6 04080 978-89-522-0096-9 04080(세트)

※ 값은 뒤표지에 있습니다.
※ 잘못 만들어진 책은 구입하신 서점에서 바꾸어 드립니다.

함께 읽으면 좋은 책 — 역사·문명

085 책과 세계

강유원(철학자)

책이라는 텍스트는 본래 세계라는 맥락에서 생겨났다. 인류가 남긴 고전의 중요성은 바로 우리가 볼 수 없는 세계를 글자라는 매개를 통해서 우리에게 생생하게 전해 주는 것이다. 이 책은 역사라는 시간과 지상이라고 하는 공간 속에 나타났던 텍스트를 통해 고전에 담겨진 사회와 사상을 드러내려 한다.

056 중국의 고구려사 왜곡 `eBook`

최광식(고려대 한국사학과 교수)

중국의 고구려사 왜곡의 숨은 의도와 논리, 그리고 우리의 대응 방안을 다뤘다. 저자는 동북공정이 국가 차원에서 진행되는 정치적 프로젝트임을 치밀하게 증언한다. 경제적 목적과 영토 확장의 이해관계 등이 복잡하게 얽혀 있는 동북공정의 진정한 배경에 대한 설명, 고구려의 역사적 정체성에 대한 문제, 고구려사 왜곡에 대한 우리의 대처방법 등이 소개된다.

291 프랑스 혁명 `eBook`

서정복(충남대 사학과 교수)

프랑스 혁명은 시민혁명의 모델이자 근대 시민국가 탄생의 상징이지만, 그 실상을 아는 사람은 많지 않다. 프랑스 혁명이 바스티유 습격 이전에 이미 시작되었으며, 자유와 평등 그리고 공화정의 꽃을 피기 위해 너무 많은 피를 흘렸고, 혁명의 과정에서 해방과 공포가 엇갈리고 있었다는 등의 이야기를 통해 프랑스 혁명의 실상을 소개한다.

139 신용하 교수의 독도 이야기 `eBook`

신용하(백범학술원 원장)

사학계의 원로이자 독도 관련 연구의 대가인 신용하 교수가 일본의 독도 영토 편입문제를 걱정하며 일반 독자가 읽기 쉽게 쓴 책. 저자는 역사적으로나 국제법상으로 실효적 점유상으로나, 어느 측면에서 보아도 독도는 명백하게 우리 땅이라고 주장하며 여러 가지 역사적인 자료를 제시한다.

역사·문명

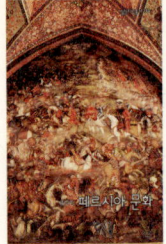

144 페르시아 문화   eBook

신규섭(한국외대 연구교수)

인류 최초 문명의 뿌리에서 뻗어 나와 아랍을 넘어 중국, 인도와 파키스탄, 심지어 그리스에까지 흔적을 남긴 페르시아 문화에 대한 개론서. 이 책은 오랫동안 베일에 가려 있던 페르시아 문명을 소개하여 이슬람에 대한 편견과 오해를 바로 잡는다. 이태백이 이란계였다는 사실, 돈황과 서역, 이란의 현대 문화 등이 서술된다.

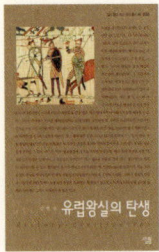

086 유럽왕실의 탄생

김현수(단국대 역사학과 교수)

인류에게 '예술과 문명' 그리고 '근대와 국가'라는 개념을 선사한 유럽왕실. 유럽왕실의 탄생배경과 그 정체성은 무엇인가? 이 책은 게르만의 한 종족인 프랑크족과 메로빙거 왕조, 프랑스의 카페 왕조, 독일의 작센 왕조, 잉글랜드의 웨섹스 왕조 등 수많은 왕조의 출현과 쇠퇴를 통해 유럽 역사의 변천을 소개한다.

016 이슬람 문화

이희수(한양대 문화인류학과 교수)

이슬람교와 무슬림의 삶, 테러와 팔레스타인 문제 등 이슬람 문화 전반을 다룬 책. 저자는 그들의 멋과 가치관을 흥미롭게 설명하면서 한편으로 오해와 편견에 사로잡혀 있던 시각의 일대 전환을 요구한다. 이슬람교와 기독교의 관계, 무슬림의 삶과 낭만, 이슬람 원리주의와 지하드의 실상, 팔레스타인 분할 과정 등의 내용이 소개된다.

100 여행 이야기   eBook

이진홍(한국외대 강사)

이 책은 여행의 본질 위를 '길거리의 철학자'처럼 편안하게 소요한다. 먼저 여행의 역사를 더듬어 봄으로써 여행이 어떻게 인류 역사의 형성과 같이해 왔는지를 생각하고, 다음으로 여행의 사회학적·심리학적 의미를 추적함으로써 여행에 어떤 의미를 부여할 것인가에 대해 말한다. 또한 우리의 내면과 여행의 관계 정의를 시도한다.

역사·문명

293 문화대혁명 중국 현대사의 트라우마

eBook

백승욱(중앙대 사회학과 교수)

중국의 문화대혁명은 한두 줄의 정부 공식 입장을 통해 정리될 수 없는 중대한 사건이다. 20세기 중국의 모든 모순은 사실 문화대혁명 시기에 집약되어 있다고 해도 과언이 아니다. 사회주의 시기의 국가·당·대중의 모순이라는 문제의 복판에서 문화대혁명을 다시 읽을 필요가 있는 지금, 이 책은 문화대혁명에 대한 안내자가 될 것이다.

174 정치의 원형을 찾아서

eBook

최자영(부산외국어대학교 HK교수)

인류가 걸어온 모든 정치체제들을 매우 짧은 기간 동안 시험하고 정비한 나라, 그리스. 이 책은 과두정, 민주정, 참주정 등 고대 그리스의 정치사를 추적하고, 정치가들의 파란만장한 일화 등을 소개하고 있다. 특히 이 책의 저자는 아테네인들이 추구했던 정치방법이 오늘 우리 사회가 당면한 문제를 해결할 수 있는 지혜의 발견에 도움을 줄 수 있을 것이라고 말한다.

420 위대한 도서관 건축순례

eBook

최정태(부산대학교 명예교수)

이 책은 도서관의 건축을 중심으로 다룬 일종의 기행문이다. 고대 도서관에서부터 21세기에 완공된 최첨단 도서관까지, 필자는 가능한 많은 도서관을 직접 찾아보려고 애썼다. 미처 방문하지 못한 도서관에 대해서는 문헌과 그림 등 가능한 많은 정보를 수집하려 노력했다. 필자의 단상들을 함께 읽는 동안 우리 사회에서 도서관이 차지하는 의미에 대해 다시 생각하게 된다.

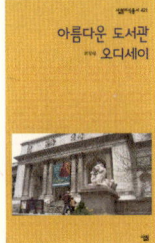

421 아름다운 도서관 오디세이

eBook

최정태(부산대학교 명예교수)

이 책은 문헌정보학과에서 자료 조직을 공부하고 평생을 도서관에 몸담았던 한 도서관 애찬가의 고백이다. 필자는 퇴임 후 지금까지 도서관을 돌아다니면서 직접 보고 배운 것이 40여 년 동안 강단과 현장에서 보고 얻은 이야기보다 훨씬 많았다고 말한다. '세계 도서관 여행 가이드'라 불러도 손색없을 만큼 풍부하고 다채로운 내용이 이 한 권에 담겼다.

역사·문명

eBook 표시가 되어있는 도서는 전자책으로 구매가 가능합니다.

016 이슬람 문화 | 이희수
017 살롱문화 | 서정복 eBook
020 문신의 역사 | 조현설
038 헬레니즘 | 윤진 eBook
056 중국의 고구려사 왜곡 | 최광식 eBook
085 책과 세계 | 강유원
086 유럽왕실의 탄생 | 김현수 eBook
087 박물관의 탄생 | 전진성 eBook
088 절대왕정의 탄생 | 임승휘 eBook
100 여행 이야기 | 이진홍 eBook
101 아테네 | 장영란 eBook
102 로마 | 한형곤
103 이스탄불 | 이희수 eBook
104 예루살렘 | 최창모
105 상트 페테르부르크 | 방일권
106 하이델베르크 | 곽병휴 eBook
107 파리 | 김복래
108 바르샤바 | 최건영 eBook
109 부에노스아이레스 | 고부안 eBook
110 멕시코 시티 | 정혜주
111 나이로비 | 양철준 eBook
112 고대 올림픽의 세계 | 김복희 eBook
113 종교와 스포츠 | 이창익 eBook
115 그리스 문명 | 최혜영
116 그리스와 로마 | 김덕수 eBook
117 알렉산드로스 | 조현미
138 세계지도의 역사와 한반도의 발견 | 김상근 eBook
139 신용하 교수의 독도 이야기 | 신용하
140 간도는 누구의 땅인가 | 이성환 eBook
143 바로크 | 신정아
144 페르시아 문화 | 신규섭
150 모던 걸, 여우 목도리를 버려라 | 김주리 eBook
151 누가 하이카라 여성을 데리고 사누 | 김미지 eBook
152 스위트 홈의 기원 | 백지혜
153 대중적 감수성의 탄생 | 강심호 eBook
154 에로 그로 넌센스 | 소래섭 eBook
155 소리가 만들어낸 근대의 풍경 | 이승원 eBook
156 서울은 어떻게 계획되었는가 | 염복규 eBook
157 부엌의 문화사 | 함한희
171 프랑크푸르트 | 이기식 eBook

172 바그다드 | 이동은 eBook
173 아테네인, 스파르타인 | 윤진 eBook
174 정치의 원형을 찾아서 | 최자명 eBook
175 소르본 대학 | 서정복
187 일본의 서양문화 수용사 | 정하미
188 번역과 일본의 근대 | 최경옥
189 전쟁국가 일본 | 이성환 eBook
191 일본 누드 문화사 | 최유경
192 주신구라 | 이준섭
193 일본의 신사 | 박규태
220 십자군, 성전과 약탈의 역사 | 진원숙
239 프라하 | 김규진
240 부다페스트 | 김성진 eBook
241 보스턴 | 황선희
242 돈황 | 전인초
249 서양 무기의 역사 | 이내주
250 백화점의 문화사 | 김인호
251 초콜릿 이야기 | 정한진
252 향신료 이야기 | 정한진
259 와인의 문화사 | 고형욱
269 이라크의 역사 | 공일주
283 초기 기독교 이야기 | 진원숙
285 비잔틴제국 | 진원숙 eBook
286 오스만제국 | 진원숙
291 프랑스 혁명 | 서정복 eBook
292 메이지유신 | 장인성
293 문화대혁명 | 백승욱 eBook
294 기생 이야기 | 신현규 eBook
295 에베레스트 | 김법모 eBook
296 빈 | 인성기 eBook
297 발트3국 | 서진석
298 아일랜드 | 한일동
308 홍차 이야기 | 정은희 eBook
317 대학의 역사 | 이광주
318 이슬람의 탄생 | 진원숙
335 고대 페르시아의 역사 | 유흥태
336 이란의 역사 | 유흥태
337 에스파한 | 유흥태
342 다방과 카페, 모던보이의 아지트 | 장유정
343 역사 속의 채식인 | 이광조

371 대공황 시대 | 양동휴
420 위대한 도서관 건축순례 | 최정태 eBook
421 아름다운 도서관 오디세이 | 최정태 eBook
423 서양 건축과 실내 디자인의 역사 | 천진희 eBook
424 서양 가구의 역사 | 공혜원 eBook
437 알렉산드리아 비블리오테카 | 남태우
439 전통 명품의 보고, 규장각 | 신병주 eBook
443 국제난민 이야기 | 김철민
462 장군 이순신 | 도현신 eBook
463 전쟁의 심리학 | 이윤규
466 한국무기의 역사 | 이내주
486 대한민국 대통령들의 한국경제 이야기1 | 이장규 eBook
487 대한민국 대통령들의 한국경제 이야기2 | 이장규 eBook
490 역사를 움직인 중국 여성들 | 이양자 eBook
493 이승만 평전 | 이주영
494 미군정시대 이야기 | 차상철 eBook
495 한국전쟁사 | 이희진
496 정전협정 | 조성훈 eBook
497 북한 대남침투도발사 | 이윤규
510 요하 문명(근간)
511 고조선왕조실록(근간)
512 고구려왕조실록 1(근간)
513 고구려왕조실록 2(근간)
514 백제왕조실록 1(근간)
515 백제왕조실록 2(근간)
516 신라왕조실록 1(근간)
517 신라왕조실록 2(근간)
518 신라왕조실록 3(근간)
519 가야왕조실록(근간)
520 발해왕조실록(근간)
521 고려왕조실록 1(근간)
522 고려왕조실록 2(근간)
523 조선왕조실록 1 | 이성무 eBook
524 조선왕조실록 2 | 이성무 eBook
525 조선왕조실록 3 | 이성무 eBook
526 조선왕조실록 4 | 이성무 eBook
527 조선왕조실록 5 | 이성무 eBook
528 조선왕조실록 6 | 편집부 eBook

(주)살림출판사
www.sallimbooks.com
주소 경기도 파주시 문발동 522-1 | 전화 031-955-1350 | 팩스 031-955-1355